CURSO DE ESPAÑOL PARA EXTRANJEROS

nuevo

inicial 2

LIBRO DEL ALUMNO

ele

Virgilio Borobio

Proyecto didáctico

Equipo didáctico Ediciones SM

Autor

Virgilio Borobio
Con la colaboración de Ramón Palencia

Colaboradores

Laura Carvajal
Leonardo Gómez Torrego
Belén Artuñedo

Diseño de interiores

Leyre Mayendía y Alfredo Casaccia

Diseño de cubierta

Alfonso Ruano y Julio Sánchez

Maqueta

Estudio editorial Alfredo Casaccia, Diego Forero Orjuela y Tjade Witmaar

Fotografías

A. Crickway, M. Crabstree, M. Shenley, T. Wood / CAMERA PRESS - ZARDOYA; AGE FOTOSTOCK; AISA; Alan Pappe; Albert Heras, R. Raventos Klein, Kurwenal / PRISMA; Andrés Marín; Archivo SM; B. Ashok; C. Rubio, Carrusan, D. Joyner / CONTIFOTO; Carlos Roca; CMCD; David Buffington; DIGITALVISION; Don Tremain; Doug Menuez; Emma Lee; Fernando López Aranguren; FIRO FOTO; Frederic Cirou; G. Sánchez, J. L. Jaén, Javier Prieto / COVER; Ignacio Ruiz Miguel; Javier Calbet; J. M. Navia; J. M. Ruiz; José Vicente Resino; J. Slocomb, TOPHAM / CORDON PRESS; Jack Hollingsworth; John A. Rizzo; Julio Sánchez; KEVIN PETERSON PHOTO; KEYSTONE / INCOLOR; Luis Alcalá / EFE; Luis Castelo; Marieta Pedregal; Mark Shelley; Martial Colomb; Olivier Boe; Pedro Carrión; SEXTO SOL / PHOTODISC; PHOTOLINK; RADIAL PRESS; Russell Illig; Sonsoles Prada; Scott T. Baxter; Ginies / SIPA PRESS; STOCK PHOTOS; STOCKTREK; Xurxo Lobato; Yolanda Álvarez.

Ilustración

Julio Sánchez

Coordinación técnica

Ana García Herranz

Coordinación editorial

Aurora Centellas
Susana Gómez

Dirección editorial

Concepción Maldonado

(Edición corregida)

Instituto Cervantes

Este método se ha realizado de acuerdo con el Plan Curricular del Instituto Cervantes, en virtud del Convenio suscrito el 27 de junio de 2002.

La marca del Instituto Cervantes y su logotipo son propiedad exclusiva del Instituto Cervantes

Comercializa

Para el extranjero:
Grupo Editorial SM Internacional
Impresores, 2 Urb. Prado del Espino
28660 Boadilla del Monte - Madrid (España)
Teléfono: (34) 91 422 88 00
Fax: (34) 91 422 61 09
internacional@grupo-sm.com

Para España:
CESMA, SA
Joaquín Turina, 39
28044 Madrid
Teléfono: 902 12 13 23
Fax: 902 24 12 22
clientes@grupo-sm.com

introducción

NUEVO ELE inicial 2

Nuevo ELE inicial 2 es un curso comunicativo de español dirigido a estudiantes adolescentes y adultos de nivel elemental, concebido con el objetivo de ayudar al alumno a consolidar y desarrollar su nivel de competencia lingüística y comunicativa.

Se trata de un curso centrado en el alumno, que permite al profesor ser flexible y adaptar el trabajo del aula a las necesidades, condiciones y características de los estudiantes.

Se apoya en una metodología motivadora y variada, de contrastada validez, que fomenta la implicación del alumno el uso creativo de la lengua a lo largo de su proceso de aprendizaje. Sus autores han puesto el máximo cuidado en la secuenciación didáctica de las diferentes actividades y tareas que conforman cada lección.

Tanto en el libro del alumno como en el cuaderno de ejercicios se ofrecen unas propuestas didácticas que facilitan el aprendizaje del estudiante y lo sitúan en condiciones de abordar con garantías de éxito situaciones de uso de la lengua, así como cualquier prueba oficial propia del nivel al que **Nuevo ELE inicial 2** va dirigido (D.E.L.E., escuelas oficiales de idiomas, titulaciones oficiales locales, etc.).

El libro del alumno está estructurado en tres bloques, cada uno de ellos formado por cinco lecciones más otra de repaso. Las lecciones giran en torno a uno o varios temas relacionados entre sí.

En la sección "Descubre España y América Latina" se tratan aspectos variados relacionados con los contenidos temáticos o lingüísticos de la lección. Las actividades propuestas permiten abordar y ampliar aspectos socioculturales de España y América Latina, complementan la base sociocultural aportada por el curso y posibilitan una práctica lingüística adicional.

Todas las lecciones presentan un cuadro final ("Recuerda") donde se enuncian las funciones comunicativas tratadas en ellas, con sus correspondientes exponentes lingüísticos y aspectos gramaticales.

Al final del libro se incluye un resumen de todos los contenidos gramaticales del curso ("Resumen gramatical").

así es este libro

presentación:

Al comienzo de cada lección se especifican los objetivos comunicativos que se van a trabajar. La presentación de los contenidos temáticos y lingüísticos que abre cada lección (gramática, vocabulario y fonética) se realiza con el apoyo de los documentos y técnicas más adecuados a cada caso. En las diferentes lecciones se alternan diversos tipos de textos, muestras de lengua, diálogos, fotografías, ilustraciones, cómics, etc. La activación de conocimientos previos y el desarrollo del interés de los alumnos por el tema son objetivos que también se contemplan en esta fase inicial.

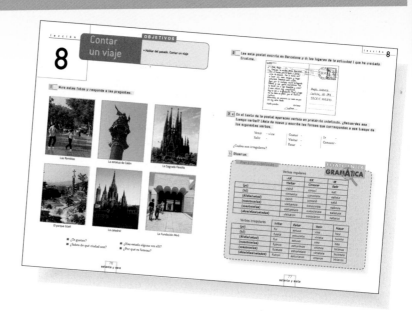

práctica de contenidos:

A continuación, se incluye una amplia gama de actividades significativas y motivadoras mediante las cuales el alumno va asimilando de forma progresiva los contenidos temáticos y lingüísticos necesarios para alcanzar los objetivos de la lección. Muchas de ellas son de carácter cooperativo y todas han sido graduadas de acuerdo con las demandas cognitivas y de actuación que plantean al alumno. Esas actividades permiten:

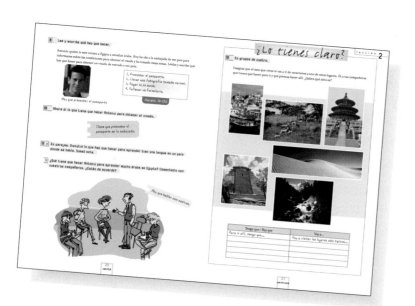

- La práctica lingüística.

- La aplicación, el desarrollo y la integración de las diferentes destrezas lingüísticas (comprensión auditiva, expresión oral, comprensión lectora y expresión escrita).

- La aplicación y el desarrollo de estrategias de comunicación.

- El desarrollo de la autonomía del alumno.

La integración de contenidos temáticos y lingüísticos hace posible que el alumno pueda aprender la lengua al mismo tiempo que asimila unos conocimientos sobre diversos aspectos socioculturales de España y América Latina. Las tareas incluidas contribuyen también a aumentar el interés por los temas seleccionados y al desarrollo de la conciencia intercultural, esto es, a la formación en el conocimiento, comprensión, aceptación y respeto de los valores y estilos de vida de las diferentes culturas.

repasos:

Las lecciones de repaso ponen a disposición de los alumnos y del profesor materiales destinados a la revisión y al refuerzo de contenidos tratados en las cinco lecciones precedentes. Dado que el objetivo fundamental de esas lecciones es la activación de contenidos para que el alumno siga reteniéndolos en su repertorio lingüístico, el profesor puede proponer la realización de determinadas actividades incluidas en ellas cuando lo considere conveniente, aunque eso implique alterar el orden en que aparecen en el libro, y así satisfacer las necesidades reales del alumno.

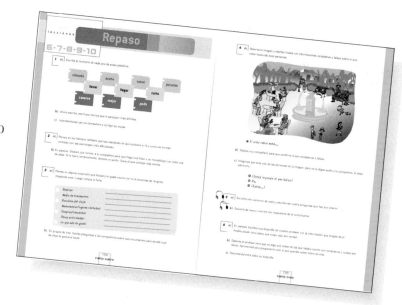

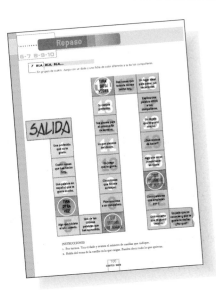

Contenidos del libro

	TEMAS Y VOCABULARIO	OBJETIVOS COMUNICATIVOS	GRAMÁTICA	PRONUNCIACIÓN	DESCUBRE ESPAÑA Y AMÉRICA LATINA
lección 1	• El trabajo o los estudios. • Profesiones. • Medios de transporte.	• Hablar del trabajo o los estudios. • Hablar sobre los medios de transporte. • Preguntar y decir con qué frecuencia hacemos cosas.	• Verbo *venir*. • Preposiciones: *de, desde, a, hasta, en, por*. • Adverbios de cantidad. • Expresiones de frecuencia. • Interrogativos: *¿Cómo?*	• Entonación.	• Viajar por Perú.
lección 2	• Planes y proyectos. • Viajes (1). • Obligaciones.	• Hablar del futuro: planes y proyectos. • Expresar obligación y necesidad.	• *Ir + a* + infinitivo. • *Hay + que* + infinitivo. • *Tener + que* + infinitivo.	• Entonación en frases afirmativas e interrogativas.	• Un cómic.

lección 3	• La compra.
	• Alimentos.
	• En un restaurante.
		• Pedir productos alimenticios en una tienda.
		• Preguntar el precio de un determinado producto.
		• Pedir algo en un restaurante.
		• Solicitar un servicio en un restaurante.
			• Presente de indicativo irregular:
			  - alternancia *e – i*.
			  - primera persona del singular con *g*.
			• *Algo, nada*.
			• *Otro, un poco (más) de*.
			• Sustantivos contables – no contables.
				• La sílaba fuerte.	• Las comidas en España.

lección 4	• Hechos recientes. • Disculpas. • Excusas.	• Hablar de lo que se ha hecho recientemente. • Disculparse. • Poner excusas.	• Pretérito perfecto. • Participio pasado. • *Perdona por...* • *Es que...*	• Entonación de frases usadas para disculparse.	• Montevideo.
lección 5	• Experiencias personales. • Estudiar una lengua extranjera.	• Hablar de experiencias personales. • Expresar opiniones. • Expresar acuerdo y desacuerdo.	• Pretérito perfecto. • *Ya – aún / todavía no*. • *Creer / pensar que...* • *(No) Estar de acuerdo con... porque...* • *Con* + pronombre personal.	• Entonación en frases afirmativas e interrogativas.	• El cante flamenco.

Repaso 1   **1-2-3-4-5**   Tarea complementaria. ¿Cuál es la dieta ideal?

	TEMAS Y VOCABULARIO	OBJETIVOS COMUNICATIVOS	GRAMÁTICA	PRONUNCIACIÓN	DESCUBRE ESPAÑA Y AMÉRICA LATINA
lección 6	• Ropa. • De compras.	• Decir qué ropa lleva otra persona. • Hacer comparaciones. • Comprar un artículo en una tienda de ropa.	• Comparaciones. • Pronombres de objeto directo: *lo, la, los, las*.	• La sílaba fuerte.	• Un cómic.
lección 7	• Una fiesta de cumpleaños. • Felicitaciones. • Regalos. • Comidas y bebidas. • Los meses del año	• Decir lo que se está haciendo. • Felicitar a alguien el día de su cumpleaños. • Ofrecer regalos. • Valorar cosas. • Ofrecer comida o bebida y aceptarla o rechazarla. • Preguntar y decir la fecha del cumpleaños.	• *Estar* + gerundio. • *Para* + Pronombre personal. • Frases exclamativas: *¡Qué...!* • Algunos usos de los verbos *ser* y *estar*.	• Entonación de frases afirmativas, interrogativas y exclamativas.	• El día de los muertos.

lección 8	• Viajes (2).	• Hablar del pasado: Contar un viaje.	• Pretérito indefinido:
			  - verbos regulares.
			  - verbos irregulares (*ir, ser, estar, venir, hacer*).
			• Preposiciones: *en, de*.
				• La sílaba fuerte en las formas del pretérito indefinido.	• Las islas Galápagos.

	TEMAS Y VOCABULARIO	OBJETIVOS COMUNICATIVOS	GRAMÁTICA	PRONUNCIACIÓN	DESCUBRE ESPAÑA Y AMÉRICA LATINA
9	• Biografías. • Momentos importantes en la vida de una persona.	• Contar la vida de una persona.	• Pretérito indefinido: - verbos regulares. - verbos irregulares (*tener, morir*).	• La sílaba fuerte.	• Simón Bolívar.
10	• Situaciones sociales. • Normas de la clase.	• Pedir permiso. Conceder o denegar el permiso. • Pedir un favor y responder afirmativa o negativamente. • Preguntar si está permitido hacer algo en un sitio. • Pedir cosas y responder afirmativa o negativamente. • Pedir cosas prestadas y responder afirmativa o negativamente.	• *¿Puedo* + infinitivo? • *¿Puedes* + infinitivo? • *¿Se puede* + infinitivo? • *¿Me das...?* • *¿Me dejas...?* • Imperativo afirmativo, singular. • Imperativo afirmativo + pronombres de objeto directo.	• Entonación.	• El Museo del Oro.

Repaso 2 **6-7-8-9-10** **Tarea complementaria. Una biografía**

	TEMAS Y VOCABULARIO	OBJETIVOS COMUNICATIVOS	GRAMÁTICA	PRONUNCIACIÓN	DESCUBRE ESPAÑA Y AMÉRICA LATINA
11	• Viajes (3) • El clima. • Estaciones del año.	• Expresar preferencias. • Hacer comparaciones. • Pedir y dar información sobre los medios de transporte. • Hablar del tiempo atmosférico.	• Presente de indicativo de verbos irregulares: llover, nevar. • Adverbios de cantidad: *Muy, mucho, bastante, poco*. • Contraste: *Muy, mucho*.	• La sílaba fuerte.	• Triana.
12	• El fin de semana • Actividades de tiempo libre.	• Hablar del pasado: expresar lo que hicimos el fin de semana pasado. • Valorar actividades y hechos pasados.	• Pretérito Indefinido. Verbos irregulares: - alternancia e-i en la tercera persona. - alternancia o-u en la tercera persona. - con –*y*. - verbos *reírse* y *dar*. • *Ser* + *bueno/malo*. • *Estar* + *bien/mal*. • Superlativo absoluto. • *Parecer* + adjetivo	• Entonación de frases empleadas para valorar actividades y hechos pasados.	• El muralismo mexicano.
13	• Los incas. • La infancia.	• Describir personas, lugares y cosas en pasado. • Hablar de acciones habituales en el pasado.	• Pretérito imperfecto. Verbos regulares e irregulares. • Preposiciones: -*a* (*a los diez años*). -*de* (*de pequeño*).	• La sílaba fuerte. • Pronunciación de las formas del pretérito imperfecto.	• La sociedad Inca.
14	• Objetos. • Formas. • Materiales. • Regalos.	• Describir objetos. • Expresar utilidad. • Expresar de qué está hecho un objeto. • Hablar de regalos: los regalos recibidos y los que hacemos.	• *Servir para* + infinitivo. • *Ser de* + nombre de material. • Pronombres de objeto indirecto (OI). • Pronombres de OI + OD.	• La sílaba fuerte.	• Un cómic de Maitena.
15	• El futuro. • Supersticiones.	• Hablar del futuro. • Hacer predicciones. • Expresar hipótesis sobre el futuro. • Expresar condiciones y sus consecuencias.	• Futuro simple: verbos regulares y irregulares. • *Probablemente/Posiblemente...* + futuro simple. • *Si* + presente indicativo, futuro simple.	• La sílaba fuerte en las formas del futuro simple.	• Un año de amor (canción).

Repaso 3 **11-12-13-14-15** **Tarea complementaria. Organizar un viaje**

1

El trabajo

OBJETIVOS
- Hablar del trabajo o los estudios de uno mismo
- Hablar sobre los medios de transporte
- Preguntar y decir con qué frecuencia hacemos cosas

1 a) Lee estas palabras y expresiones y pregunta al profesor qué significan las que no conozcas.

- taxista
- hace fotos
- da clases
- fotógrafo
- profesora
- atiende a los pasajeros
- corta el pelo
- conduce un taxi
- músico
- toca la guitarra
- azafata
- peluquero

b) Completa con las palabras y frases del recuadro anterior.

Tomás es *músico. Toca la guitarra* en un grupo de rock.

Olga es _conduce un taxi_ por Madrid.

Margarita es _profesora_ de Matemáticas en un Instituto.

Elisa es _azafata_ de un avión.

Nacho es _fotógrafo_ para revistas de moda.

Jaime es _corta el pelo_ en una peluquería unisex.

2 **a)** En grupos de tres o cuatro. Piensa en lo que haces en tu trabajo. Si eres estudiante, elige una profesión que te guste.

b) Explícaselo como puedas a tus compañeros.

c) ¿Hace alguno de tus compañeros algo extraño o interesante? ¿Has aprendido alguna palabra nueva? Díselo a la clase.

Medios de transporte

3 Observa los dibujos y di qué medios de transporte puedes utilizar en tu pueblo o tu ciudad.

Metro   Autobús   Tren   A pie   Avión   Coche   Bicicleta   Moto

FÍJATE EN LA GRAMÁTICA

4 **a)** Escucha y lee.

- ¿Cómo vas al trabajo?
- En coche.
- ¿Cuánto tardas en llegar?
- Unos veinte minutos. Y tú, ¿cómo vienes a clase?
- Andando.
- ¿Y cuánto tardas?
- Diez minutos.

b) Escucha y repite.

5 Habla con tus compañeros y descubre:

- Cuál es el medio de transporte más usado por la clase.
- Quién tarda menos en llegar a clase.
- Quién tarda más.

Frecuencia

6 Ordena, de más a menos, estas expresiones de frecuencia:

- Una vez al día
- ~~Muchas veces al día~~
- ~~Nunca~~
- ~~Tres veces al mes~~
- Una vez cada tres días
- Cuatro o cinco veces al año
- Una vez a la / por semana

1. muchas veces al día
2. una vez al día
3. una vez cada tres días
4. una vez a la semana
5. Tres veces al mes
6. Cuatro o cinco veces al año
7. Nunca

7 Pregunta a tus compañeros y escribe el nombre de uno de ellos en cada caso.

¿Quién...	Nombre
... trabaja cuarenta horas a la semana?	
... toma el metro una vez cada dos días?	
... tiene dos días libres por semana?	
... viaja en avión una vez cada tres meses?	
... estudia una hora al día?	
... toma el autobús varias veces al día?	

● ¿Cuántas veces tomas el autobús al día?

...

● ¿Cuántas horas estudias al día?

...

8 **a)** ¿Con qué frecuencia haces estas cosas en tu trabajo? Escríbelo en la columna correspondiente. (Si eres estudiante, imagínate que tienes la profesión que has elegido en la actividad 2 a).

	Tú	Tu compañero
Ir al extranjero		
Hablar con tu jefe		
Comer con clientes		
Hablar por teléfono		
Llegar tarde		

b) Ahora pregúntale a tu compañero y anota sus respuestas.

- ¿Vas al extranjero a menudo?
  - Sí. (Una vez al mes).
  - Bastante. (Una vez cada cuatro meses).
  - No. (Voy poco). (Una vez cada dos años).
  - No. (No voy nunca).

c) Comparad vuestras respuestas. ¿Coincidís en algo?

9 Lee lo que dicen Olga y Jaime.

Lo que más me gusta de mi trabajo es hablar con la gente. Lo que menos, el horario.

Pues a mí lo que más me gusta es que es un trabajo creativo. Lo que menos, que gano poco.

10 a) Piensa en lo que más y en lo que menos te gusta de:

- Tu trabajo.
- Tu pueblo o tu ciudad.
- El español.

- El centro donde estudias.
- La clase de español.

Pídele ayuda al profesor si la necesitas.

b) Coméntalo con tu compañero.

11 a) Relaciona preguntas y respuestas (solo hay una posibilidad para cada caso).

- ¿Trabajas los fines de semana?
- ¿Qué horario tienes?
- ¿Cuántas horas trabajas al día?
- ¿Cuántas vacaciones tienes al año?
- ¿Te gusta tu trabajo?
- ¿Qué es lo que más te gusta de tu trabajo?
- ¿Qué es lo que menos te gusta de tu trabajo?

- Un mes.
- Ocho.
- El sueldo. No gano mucho.
- Que puedo conocer a mucha gente.
- Sí, los sábados por la mañana.
- De 9 a 2 y de 3 a 6.
- Sí, me encanta.

b) Escucha y comprueba.

PRONUNCIACIÓN

Entonación

12 Escucha y repite.

- ¿Cuántas horas trabajas al día?
- ¿Qué horario tienes?
- ¿Trabajas los fines de semana?

- ¿Cuántas vacaciones tienes al año?
- ¿Qué es lo que más te gusta de tu trabajo?
- ¿Y lo que menos?

¿Lo tienes claro?

13 **Escucha esta entrevista y completa el cuadro:**

Profesión:	Vacaciones: ..... un mes al año
Horas de trabajo al día: 8	Lo que más le gusta de su trabajo: creativo, hacer mucho gente
Días libres: lunes, Sabados por la tarde, domingo	¿Está contento con su trabajo?: bastante

14 **a)** **En parejas. Preparad las preguntas para una encuesta sobre las condiciones de trabajo.**

Profesión.	¿A qué se dedica?
Número de horas de trabajo a la semana.	
Horario.	
Días libres.	
Vacaciones.	
Lo que más le gusta.	
Lo que menos le gusta.	
¿Está contento con su trabajo?	

b) **Antes de realizar la encuesta, piensa en tus respuestas a esas preguntas. Si no tienes trabajo, elige uno e imagínate las condiciones.**

c) **Ahora, haced la encuesta.**

Alumno A: eres el encuestador.   **Alumno B:** eres el encuestado.

Podéis empezar así:

■ Mire, soy de Radio... y estoy haciendo una encuesta sobre las condiciones de trabajo. ¿Podría hacerle unas preguntas?

Podéis terminar así:

■ Bien, pues esto es todo. Muchas gracias por su colaboración.

VIAJAR POR PERÚ

1 a) Lee estas frases y pregúntale al profesor qué significan las palabras que no entiendas.

	V	F
El medio de transporte que más utilizan los peruanos es el barco.	☐	☑
La carretera Panamericana comunica Perú con otros países latinoamericanos.	☑	☐
Por el río Amazonas se puede navegar.	☑	☐
La gente va a Machu-Picchu en autobús.	☐	☑
La línea de tren más alta del mundo pasa por los Andes.	☑	☐

b) Lee el texto y señala si esas frases son verdaderas o falsas.

VIAJAR POR PERÚ

Perú es un país muy montañoso en el que viajar es a veces una experiencia inolvidable que nos permite descubrir paisajes espectaculares y de una gran belleza.

El medio de transporte más popular es el **ómnibus** o autobús, y la carretera más importante es la Panamericana, que une los diferentes países latinoamericanos. Sin embargo, no es posible ir en ómnibus a todas las zonas del país. A muchos lugares de la selva amazónica, por ejemplo, solo se puede llegar en barco, navegando lentamente por las misteriosas aguas del río Amazonas u otros ríos, lo que es una experiencia extraordinaria. El tren es el único medio de transporte que nos lleva a algunos lugares de los Andes, como Machu Picchu. Además podemos recorrer la región andina en la línea de tren más alta del mundo: el ferrocarril que va de Lima a Huancayo asciende hasta los 4.815 metros; viajar en él es vivir una aventura por los altiplanos de los Andes.

ica Latina

RECUERDA

COMUNICACIÓN

Hablar del trabajo o de los estudios

- ☐ ¿Qué haces en tu trabajo?
- ○ Atiendo a los clientes.
- ☐ ¿Cuántas horas trabajas al día?
- ○ Seis.
- ☐ ¿Qué horario tienes?
- ○ De nueve a tres.

- ☐ ¿Cuántas vacaciones tienes al año?
- ○ Un mes.
- ☐ ¿Qué es lo que más te gusta de tu trabajo?
- ○ El horario.
- ☐ ¿Y lo que menos?
- ○ Que gano poco.

GRAMÁTICA

Timetable

política
↓
politics/
police
lo mismo
en españa

Adverbios de cantidad

mucho, bastante, poco

- *Trabajo mucho y gano poco.*
- *Marisol estudia bastante.*

(Ver resumen gramatical, apartado 9)

COMUNICACIÓN

empresa - business

Hablar sobre medios de transporte

- ☐ ¿Cómo vienes a clase?
- ○ En autobús.

- ☐ ¿Cuánto tardas?
- ○ Media hora.

GRAMÁTICA

Interrogativos

¿Cómo?

(Ver resumen gramatical, apartado 5.7)

- ■ **Verbo *venir***

(Ver resumen gramatical, apartado 3.1.2.5)

COMUNICACIÓN

Preguntar y decir con qué frecuencia hacemos cosas

- ☐ ¿Hablas por teléfono a menudo?
- ○ Sí, varias veces al día. / No. Hablo poco. Una vez cada tres o cuatro días.

GRAMÁTICA

Expresiones de frecuencia

- *Una vez al día* • *dos veces por semana* • *una vez cada tres días...*

(Ver resumen gramatical, apartado 8.2)

Preposiciones

de... a	De ocho a cuatro.
desde... hasta	Desde las ocho hasta las cuatro.
en	Siempre vengo a clase en moto.
a	Una vez a la semana.
por	Una vez por semana.

c) Comenta con tus compañeros las informaciones que consideres más interesantes.

tres

por tanto
↳ therefore

2

Planes

1 **Escucha y lee.**

◉ *Este fin de semana voy a la playa. ¿Quieres venir?*

◉ *¿Este fin de semana? Imposible. El sábado voy a salir con unos amigos y el domingo tengo que estudiar para el examen del lunes.*

◉ *Bueno, pues otra vez será.*

2 **a]** **Lee el programa de una excursión a Granada para el próximo sábado. ¿Hay algo que no entiendes?**

VIAJES VAIVÉN

EXCURSIÓN A GRANADA

8.30 Salida en autobús de la plaza de Andalucía

10.15 Llegada a Granada

10.30 Visita a la Alhambra

12.30 Visita al Albaicín

14.00 Comida en el Restaurante Medina

15.30 –19.30 Tiempo libre

20.00 Concierto flamenco a cargo de Manolo Alfileres

22.30 Cena en el Mesón del Chato

23.30 Regreso a Córdoba

b) Un amigo tuyo va a hacer esa excursión y tú quieres informarte. Prepara las preguntas con tu compañero siguiendo la ficha.

Medio de transporte	*¿Cómo vas a ir?*
Hora de salida	
Hora de vuelta	
¿Mucha gente?	
Visitas	
Comidas	
¿Algún espectáculo?	

c) En parejas.

Alumno A:
El sábado vas a ir a esa excursión. Responde a las preguntas de tu compañero.

Alumno B:
Tu compañero va a ir a Granada el sábado. Hazle preguntas sobre la excursión.

3 Observa:

Ir + a + infinitivo

Con «Ir + a + infinitivo» podemos usar las siguientes referencias temporales:

mañana	este verano/invierno/...
pasado mañana	la semana que viene = la próxima semana
el domingo/lunes/...	el mes que viene = el próximo mes
este fin de semana	el año que viene = el próximo año
esta semana	en Navidades/Pascua/...
este mes/este año	en julio/agosto/...

○ *Este fin de semana voy a jugar al tenis.*

4 Escucha esta conversación entre un chico y una chica y completa el cuadro con lo que va a hacer cada uno el fin de semana.

	Él	Ella
El sábado	va a ir de compras	
El domingo		va a ir a un concierto ....

 PRONUNCIACIÓN

Entonación

5 **a]** Escucha las siguientes frases.

b] Escucha y marca si son afirmativas o interrogativas.

c] Ahora escribe tú otras tres frases.

d] Díselas a tu compañero. ¿Sabe si son afirmativas o interrogativas?

	Afirmativa	**Interrogativa**
1		
2		
3		
4		
5		
6		

6 Habla con tus compañeros y escribe en cada caso el nombre de uno de ellos.

¿Quién...

... va a ir al cine este fin de semana?
... quiere ir al campo el domingo?
... no va a venir a clase mañana?
... va a salir esta noche?
... quiere hacer una excursión este fin de semana?
... no va a hacer hoy los deberes?

◉ ¿Vas a ir al cine este fin de semana?
◉ Sí
  No
  No sé
  No lo sé todavía.

¿Y tú?

◉ (Pues) Yo...

7 **a)** Lee y completa el cuadro con la siguiente información.

Carlos, Maite, Ana, Nacho, Luisa y Juan forman tres parejas. Este fin de semana, cada pareja va a ir a bailar, al teatro o al campo el viernes, el sábado o el domingo.

Nacho va a ir a bailar, pero no con Ana.

Juan va a salir el viernes.

Luisa va a salir con Carlos.

Carlos va a ir al campo.

Ana va a ir al teatro.

Maite no va a salir el domingo.

¿Quiénes	¿Qué van a hacer?	¿Cuándo?

b) Ahora completa estas frases.

Nacho _____ _____ ir a bailar con _____ . Va a ir el _____
El _____ . Carlos va a ir al campo con _____ .
Juan va a ir el viernes _____ _____ . Va a ir con _____ .

8 **a)** En parejas. El próximo fin de semana lo vais a pasar juntos, pero aún no sabéis dónde. Decididlo ahora. Pensad también en:

- Actividades y visitas.
- Medio de transporte.
- Alojamiento.
- Etcétera.

b) En grupos de cuatro (dos parejas). Intentad obtener toda la información que podáis sobre los planes de la otra pareja para adivinar dónde van a pasar el fin de semana.

9 Lee y escribe qué hay que hacer.

Antonio quiere ir este verano a Egipto a estudiar árabe. Hoy ha ido a la embajada de ese país para informarse sobre las condiciones para obtener el visado y ha tomado estas notas. Léelas y escribe qué hay que hacer para obtener un visado de entrada a ese país.

1. Presentar el pasaporte.
2. Llevar una fotografía tamaño carnet.
3. Pagar 22,20 euros.
4. Rellenar un formulario.

(Horario: 10-12h)

Hay que presentar el pasaporte

10 Ahora di lo que tiene que hacer Antonio para obtener el visado.

Tiene que presentar el pasaporte en la embajada.

11 a) En parejas. Discutid lo que hay que hacer para aprender bien una lengua en un país donde se hable. Tomad nota.

b) ¿Qué tiene que hacer Antonio para aprender mucho árabe en Egipto? Comentadlo con vuestros compañeros. ¿Están de acuerdo?

Hay que hablar con nativos.

¿Lo tienes claro?

12 En grupos de cuatro.

Imagina que el mes que viene te vas a ir de vacaciones a uno de estos lugares. Di a tus compañeros qué tienes que hacer para ir y qué piensas hacer allí. ¿Saben qué sitio es?

Tengo que / Hay que	Voy a...
Para ir allí, tengo que...	Voy a visitar los lugares más típicos...

UN CÓMIC

1 **Lee esta historieta y pregunta al profesor lo que no entiendas.**

EL VIAJE DE NEGOCIOS

JACINTO Y JUANITA.

¡QUÉ ROLLO! ¡OTRO VIAJE DE NEGOCIOS...!

¿VOY YO TAMBIÉN, CARIÑO?

MUCHAS GRACIAS, PERO ES QUE ES IMPOSIBLE ...

... CLARO QUE, SI QUIERES, NO VOY ...

... Y ME QUEDO CONTIGO.

¡NO! ¡NO!... ¡TIENES QUE IR, JACINTO!

ES VERDAD.

BUENO... PERO MAÑANA POR LA TARDE ESTOY AQUÍ.

ADIÓS, JACINTO.

HASTA MAÑANA, JUANITA.

¡UF!

¡POR FIN SE HA IDO!

¡Y AHORA A DISFRUTAR!

PRIMERO, UN BAÑO ...

Y LUEGO ME PONGO GUAPA.

¡VEINTICINCO AÑOS CON JACINTO SON MUCHOS AÑOS!

ES UNA BUENA PERSONA, PERO ME ABURRO MUCHO CON ÉL.

ica Latina

2 a) En grupos de tres. Responded a las preguntas.

■ ¿Qué creéis que va a pasar? ¿Qué va a hacer Juanita? ¿Y Jacinto?

■ ¿Cómo creéis que continúa la historieta? Escribidlo.

El Viaje de Negocios … CONTINUACIÓN

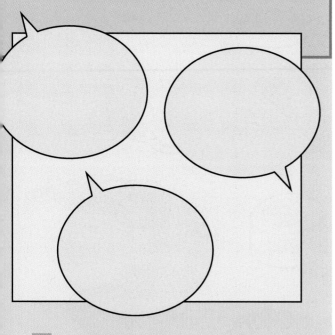

b) Contad a la clase lo que habéis escrito.

3 Pedid al profesor la continuación de la historieta y comparadla con la vuestra.

4 Ahora decidid qué grupo se ha imaginado una historia más parecida a la original.

3

Comidas

OBJETIVOS
- Pedir productos alimenticios en una tienda
- Preguntar el precio de un determinado producto
- Pedir algo en un restaurante
- Solicitar un servicio en un restaurante

1 Lee este anuncio. ¿Entiendes los nombres de estos productos?

GALLETAS 1,08 euros

PAN 0,27 euros

JAMÓN 23,45 euros

POLLO 1,62 euros

VINO 1,74 euros

CHORIZO 10,22 euros

CHULETAS DE CORDERO 9,92 euros

SAL 0,27 euros

ARROZ 1,02 euros

LECHE 0,75 euros

QUESO 8,65 euros

MERLUZA 11,42 euros

AZÚCAR 0,90 euros

ACEITE DE OLIVA 2,54 euros

HUEVOS 1,26 euros

LECHUGAS 0,51 euros

NARANJAS 1,05 euros

PATATAS 0,54 euros

PLÁTANOS 1,68 euros

SARDINAS 0,66 euros

YOGUR 0,29 euros

MANZANAS 1,20 euros

DELTA
supermercados

2 a) Observa los productos del dibujo.

b) Ahora tapa el dibujo. ¿Te acuerdas de lo que hay? Escríbelo.

Hay un paquete de galletas...

PRONUNCIACIÓN

¿Cuál es la sílaba más fuerte?

3 a) Escucha estas palabras y escríbelas en la columna correspondiente.

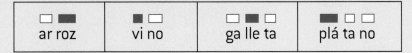

□ ■	■ □	□ ■ □	■ □ □
ar roz	vi no	ga lle ta	plá ta no

b) Escucha y comprueba.

c) Dilas en voz alta.

4 a) Mira este dibujo.

¡Pan!

Una barra de pan.

b) Ahora juega con tus compañeros.

5 En parejas. Elige uno de estos dibujos y di todo lo que hay. Tu compañero tiene que adivinar qué dibujo es.

6 Observa:

Pesos y medidas

Sólidos	Líquidos
100 g = cien gramos	1 l = un litro
1 kg = un kilo	¹/2 l = medio litro
¹/2 kg = medio kilo	¹/4 l = (un) cuarto de litro
¹/4 de kg = (un) cuarto de kilo	1 ¹/2 o 1,5 l = (un) litro y medio
1 ¹/2 o 1,5 kg = (un) kilo y medio	2 l = dos litros
2 kg = dos kilos	

a] Escucha y haz una lista de lo que ha comprado este chico.

b] Escucha y escribe lo que cuesta cada cosa.

c] Calcula el total. Comprueba con la grabación.

En una tienda de alimentación

7 a) Escucha este diálogo con el libro cerrado y ayuda al profesor a escribirlo en la pizarra.

Dependiente ○ ¿Qué le pongo?

Clienta ○ Una docena de huevos.

Dependiente ○ ¿Qué más?

Clienta ○ Una lata de sardinas
y un paquete de azúcar.

Dependiente ○ ¿Algo más?

Clienta ○ ¿A cómo está este queso?

Dependiente ○ A siete euros con ochenta
céntimos...

Clienta ○ Pues póngame un cuarto.

Dependiente ○ ¿Algo más?

Clienta ○ No, nada más. Gracias.

b) Practícalo con tu compañero.

8 a) Quieres comprar los productos de la lista. Completa el diálogo.

Dependiente ○ Buenos días.

Tú ○ ....

Dependiente ○ ¿Qué le pongo?

Tú ○ ....

Dependiente ○ Son buenísimos esos plátanos.
¿Algo más?

Tú ○ ....

Dependiente ○ Aquí tiene. Son nuevas.

Tú ○ ¿..........................?

Dependiente ○ Lo siento, pero no me quedan.

Tú ○ ....

Dependiente ○ ¿De litro o de litro y medio?

Tú ○ ....

Dependiente ○ ¿Quiere algo más?

Tú ....

Dependiente ○ ¿Qué marca: Forges o
Martorell?

Tú ○ ....

Dependiente ○ El litro de Forges, 2,57 euros,
y el de Martorell, 2,80.

Tú ○ ....

Dependiente ○ Aquí tiene. Es un poco más caro,
pero es mejor. ¿Algo más?

Tú ○ ....

Dependiente ○ Vamos a ver. Son... 7,32 euros.

- 1 Kg. de plátanos
- 2 Kg. de patatas
- 4 yogures
- 1 botella de leche
- 1 botella de aceite de oliva

b) Ahora escucha y habla con el dependiente.

9 Ahora vosotros. En grupos de tres.

Alumnos A y B:

Trabajáis en dos tiendas diferentes.

Decidid individualmente los precios de los productos que vendéis.

Haced las etiquetas con los nombres y los precios de los productos y ponedlos a la vista del público.

Alumno C:

No tienes nada de comida en casa y esta noche va a venir a cenar un amigo tuyo. Además, solo tienes 10 euros.

Escribe una lista de lo que quieres comprar. Haz la compra.

Comida hispana

10 **a]** ¿Con qué países hispanos asocias estos productos?

café

tortilla

fríjoles

chorizo

naranjas

b] ¿Y estas bebidas: tequila, mate, vino, ron?

c] ¿Has tomado alguna vez esos alimentos? En caso afirmativo, explícales a tus compañeros cómo son. Puedes usar el diccionario.

d] ¿Conoces otras comidas y bebidas hispanas? Coméntalo con tus compañeros.

En un restaurante

11 a) Lee este menú y pregunta qué significa lo que no entiendas.

b) Lee y di cuál es el orden de estos cuatro diálogos entre el camarero y los clientes de un restaurante.

CASA FÉLIX
MENÚ

PRIMERO: PAELLA
SOPA
JUDÍAS BLANCAS
ESPÁRRAGOS
ENSALADA

SEGUNDO: FILETE
POLLO EN SALSA
MERLUZA A LA ROMANA CON ENSALADA
TRUCHA
TORTILLA

POSTRE: FRUTA
FLAN
HELADO

9 €
IVA INCLUIDO

A

○ ¿Qué tomarán de postre?
○ Yo, helado.
○ Y yo, un flan.
○ ¿Van a tomar café?
○ Yo no.
○ Yo sí, un café con leche.

B

○ ¿Nos trae un poco más de pan, por favor?
○ Muy bien.

C

○ ¿Qué van a tomar?
○ Pues yo, de primero, sopa y, de segundo, pollo.
○ Para mí, judías blancas, y de segundo... un filete, muy hecho.
○ ¿Y para beber?
○ Vino.
○ Yo, agua mineral con gas.

D

○ La cuenta, por favor.

c) Escucha y comprueba.

d) Ahora practica estos diálogos con dos compañeros.

12 a) Observa:

Contables / No contables

¿Me	trae	un **tenedor**,	por favor?
		otra **botella de vino**,	
		otras **dos cervezas**,	
¿Nos		más **pan**,	
		un **poco** (más) **de pan**,	

b) Imagina que estás en un restaurante y necesitas estas cosas. ¿Cómo las pides? Escríbelo.

¿Me trae un poco más de agua, por favor?

1 Agua

2 Mayonesa

3 Dos botellas de agua mineral con gas

4 Arroz

5 Un cuchillo

6 Vino

7 Un vaso

13 Escucha y escribe en el cuadro lo que pide cada persona.

	De primero	De segundo	¿Necesitan algo?	De postre	¿Toman algo más?
Ella					
Él					

¿Lo tienes claro?

14 a) En grupos de tres [A, B, C]. Escribid el menú del día de un restaurante.

Menú

b) En grupos de tres [A, B, C].

Alumnos A y B:

Sois clientes de un restaurante. Mirad el menú. Pedidle al camarero lo que queréis tomar y lo que necesitéis durante la comida.

Alumno C:

Eres el camarero de un restaurante. Atiende a los clientes.

c) Ahora cambiad de papel.

LAS COMIDAS EN ESPAÑA

1 **a)** Señala en la columna «antes de leer» lo que creas saber sobre los hábitos de comida de los españoles.

ANTES DE LEER			DESPUÉS DE LEER	
V	F		V	F
☐	☐	La comida más fuerte es la cena.	☐	☐
☐	☐	El desayuno no es muy importante.	☐	☐
☐	☐	Se cena sobre las siete de la tarde.	☐	☐
☐	☐	Es normal tomar café después del almuerzo.	☐	☐

b) Ahora lee el texto.

En España, la primera comida del día, el desayuno, no es muy abundante. La mayoría de la gente suele tomar café con leche, tostadas, algún bollo o galletas.

La comida más importante, el almuerzo o la comida, se realiza a mediodía, entre la 1 y las 3 de la tarde. Se come un primer plato, a base de verduras, legumbres, arroz... y un segundo plato que suele ser carne o pescado. También se toma postre: fruta o algún dulce. Es habitual acompañar las comidas con vino y tomar café después del postre.

La última comida del día es la cena, entre las 9 y las 10 de la noche. Se toma algo ligero, como sopa, verdura, huevos, queso, fruta, etcétera.

También existe la merienda, una comida a media tarde, hacia las seis. Los niños suelen comer un bocadillo, fruta, o tomar un vaso de leche con galletas.

ica Latina

c) Marca la columna «después de leer» y compara con lo que has señalado antes. ¿Hay algo que te sorprenda?

d) Habla con la clase sobre las comidas en tu país.

- ¿Son a la misma hora que en España?
- ¿Se come y se bebe lo mismo?

RECUERDA

COMUNICACIÓN

Pedir productos alimenticios en una tienda
- □ ¿Qué le pongo?
- ○ Un paquete de arroz.
- □ ¿Algo más?
- ○ No, nada más.

Preguntar el precio de un determinado producto
- □ ¿A cómo están las naranjas?
- ○ A 0,90 euros el kilo.

GRAMÁTICA

Algo, nada

(Ver resumen gramatical, apartado 12)

COMUNICACIÓN

Pedir en un restaurante
- △ ¿Qué va(n) a tomar?
- ○ Yo, de primero, una ensalada y, de segundo, pollo.
- □ Para mí, paella y merluza a la romana.

Solicitar un servicio en un restaurante
- • ¿Me trae otra botella de agua, por favor?
- • ¿Nos trae un poco más de pan, por favor?

GRAMÁTICA

Sustantivos contables

Singular	Plural
• Un tenedor	• Unos/dos tenedores
• Otra botella de agua	• Otras botellas de agua

Sustantivos no contables
- • Más pan
- • Un poco de pan
- • Un poco más de pan

Presente de indicativo
- ■ Verbos irregulares: alternancia e/i

Verbo *pedir*

(Yo)	Pido
(Tú)	Pides
(Él/ella/usted)	Pide
(Nosotros/nosotras)	Pedimos
(Vosotros/vosotras)	Pedís
(Ellos/ellas/ustedes)	Piden

Otros verbos frecuentes con alternancia e/i
Decir, repetir, servir, seguir
(Ver resumen gramatical, apartado 3.1.2.2)

Presente de indicativo. Verbos irregulares
- ■ 1.ª persona del singular con g
  poner: (yo) pongo

Otros verbos frecuentes con esta irregularidad
Tener, hacer, venir, salir, decir, traer

Ha sido un día normal

1 **a]** **Lee el siguiente texto y di dónde puedes encontrarlo.**

> Hoy ha sido un día normal. Me he levantado a la hora de todos los días, pero he perdido el autobús, así que he llegado tarde a clase de Historia Contemporánea. Una pena, porque es una asignatura que realmente me interesa. Luego he tenido otras tres clases, muy aburridas todas. Tampoco he recibido hoy la carta de Marta que estoy esperando. La verdad es que Correos funciona cada día peor.
>
> Por la tarde he estudiado poquísimo porque he ido al cine con Pepe. Hemos visto una película horrible -no quiero ni mencionar su título-, nos hemos tomado unas cañas y he vuelto a casa a las diez. Luego le he escrito a Marta.
>
> ¡Qué ganas tengo de verla!

- En una agenda
- En un diario
- En un periódico
- En un cartel
- En una carta comercial
- En un folleto publicitario

b] **Escribe seis cosas que ha hecho hoy esa persona.**

1. Se ha levantado a la hora de todos los días.

2. ....

3. ....

4. ....

5. ....

6. ....

c) Observa:

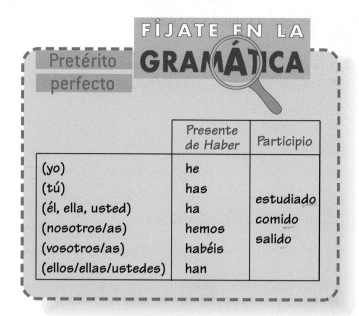

FÍJATE EN LA **GRAMÁTICA**

Pretérito perfecto

	Presente de Haber	Participio
(yo)	he	
(tú)	has	
(él, ella, usted)	ha	estudiado
(nosotros/as)	hemos	comido
(vosotros/as)	habéis	salido
(ellos/ellas/ustedes)	han	

d) Lee de nuevo el texto de la actividad 1 y completa estos cuadros.

	-AR	-ER	-IR
INFINITIVO	levantar llegar estudiar tomar	perder tener	recibir vivir ....
PARTICIPIO (regular)	levant**ado**	perd**ido**	recib**ido** ....

INFINITIVO	ver volver escribir
PARTICIPIO (irregular)	visto ....

e) Aquí tienes el participio de algunos verbos irregulares:

- hacer → hecho
- poner → puesto
- descubrir → descubierto
- decir → dicho
- abrir → abierto

2 Escucha y repite.

3 Son las 8.30 de la mañana y Teresa está saliendo de su casa para ir a la universidad. Observa el dibujo y escribe qué ha hecho y qué no ha hecho. Usa estos verbos.

- Desayunar
- Abrir
- Lavarse
- Hacer
- Quitarse

- Recoger
- Apagar
- Tomar
- Ducharse
- Ponerse

○ *Ha desayunado.*
○ *No ha recogido la mesa.*

4 **a)** El profesor te va a hacer cinco preguntas sobre lo que has hecho hoy. Antes, escribe las respuestas ("sí" o "no"). Ahora contesta a las preguntas del profesor.

b) Escribe cinco preguntas divertidas para un compañero y prepara cinco respuestas a sus posibles preguntas.

1. _____
2. _____
3. _____
4. _____
5. _____

c) En parejas, por turnos, haceos las preguntas. ¿Hay algo interesante o divertido? Decídselo a la clase.

5 **a)** Escucha esta conversación y haz una lista de las horas que oigas.

Hora	¿Qué ha hecho Marisa?	
8.30	Salidu casa	Ella ha
9.20	trabaso	
12.00	Bar - Bocodíllo	
~~despues~~ ~~casa~~ 4.00	caumdu re-uuun con sefe	
5.00	vuelta oficina	
7.00	Salido oficina	

b) Escucha y escribe qué ha hecho Marisa a esas horas.

6 Concha y Félix son muy diferentes y no se conocen, pero los dos han hecho hoy cuatro cosas iguales en el mismo momento. Habla con tu compañero y descúbrelas.

ALUMNO A
¡NO MIRES LA PARTE DE B!

—Concha se ha levantado a las 7.30.

Mañana:

Tarde:

Café TROPICAL

Noche:

NOTICIAS

Cuando termines, comprueba con tu compañero.

Cuando termines, comprueba con tu compañero.

Alumno B

Noche:

NOTICIAS

Tarde:

GIMNASIO BICEPS

Mañana:

TE QUIERO

OFICIN

—Pues Félix (se ha levantado) a las 8.

¡NO MIRES LA PARTE DE A!
ALUMNO B

7 Piensa en lo que has hecho tú hoy y escríbelo. Luego coméntalo con tus compañeros. ¿Cuántas cosas iguales habéis hecho?

8 a) Observa:

Pretérito perfecto

También se puede usar el pretérito perfecto cuando se dice lo que se ha hecho o lo que ha pasado:

esta semana,	hace diez minutos,
este mes,	hace dos horas,
este trimestre, (term)	hace un rato, a while ago
este año,	...

- Esta semana he estudiado mucho.
- Hace un rato ha sonado el teléfono.

b) En el bolso de algunas personas puedes encontrar de todo. Observa todas estas cosas del bolso de Lucía y escribe lo que ha hecho esta semana. Luego escribe lo que ha hecho el resto del mes. Recuerda que hoy estamos a 23 de abril, viernes.

ESTA SEMANA

Ha recibido una carta de Barcelona.

ESTE MES

Ha ido a San Sebastián en tren.

9 a) Piensa en cinco cosas que crees que ha hecho tu compañero este año. Luego, escríbelas.

b) Díselas. Él te confirmará si las ha hecho o no. ¿Cuántos aciertos tienes?

10 a] Escucha y lee.

Roberto ○ Perdona por llegar tarde, pero es que
        he salido del trabajo a las siete...

Sofía ○ ¡Bah! No te preocupes.

Roberto ○ Lo siento, de verdad.

Sofía ○ Tranquilo, hombre, no tiene importancia.

b] Escucha y repite.

11 a] Lee estas posibles causas de retraso. Busca en el diccionario las palabras que no entiendas.

- perder el tren
- no oír el despertador
- tardar en encontrar aparcamiento

- dormirse
- tardar en encontrar el sitio
- encontrarse con un conocido por el camino

b] Estas personas han llegado hoy tarde a algún sitio. ¿Qué excusas han puesto? Escríbelas.

Perdona por llegar tarde, pero es que no he
oído el despertador.

....

....

....

....

....

....

¿Lo tienes claro?

12 En parejas (A - B). Representad estas dos situaciones.

1

Alumno A:
Has quedado con tu novio o con tu novia a las 8 de la tarde y llegas a las 8.20. Discúlpate y dile por qué has llegado tarde.

1

Alumno B:
Acepta las disculpas de tu novia o de tu novio y tranquilízala/o.

2

Alumno A:
Eres la madre de Óscar, que tiene 15 años y todos los sábados vuelve a casa a las 10 de la noche. Hoy es sábado y ha vuelto a las 10.30. Acepta las disculpas.

2

Alumno B:
Eres Óscar, de 15 años. Todos los sábados vuelves a casa a las 10 de la noche, pero este lo has hecho a las 10.30. Invéntate una buena excusa y discúlpate ante tu madre.

MONTEVIDEO

1 **a]** ¿Sabes qué es el Mercosur? ¿Qué países lo integran?

b] Lee este texto incompleto sobre Montevideo, capital administrativa del Mercosur. Puedes usar el diccionario.

Montevideo, la capital de Uruguay, ha sido elegida también capital administrativa del Mercosur. Tiene casi 1,5 millones de habitantes, aproximadamente la mitad de la .... del país. Muchos de ellos son descendientes de .... italianos y españoles.

En esa ciudad industrial, comercial, turística y administrativa destacan sus industrias de la carne, las más tradicionales y que siguen teniendo una gran importancia ....
.... Su puerto es el primero de Uruguay: en él se hacen la mayor parte de las operaciones de importación y
....

Es una ciudad muy vital que tiene una variada oferta cultural y mucha .... nocturna. Pero allí también se puede disfrutar de la tranquilidad: está abierta al mar, y hay muchas casas bajas y unas 2.000 hectáreas de plazas y ....

c] Asegúrate de que entiendes estas palabras y utilízalas para completar el texto.

- población - económica - exportación - inmigrantes - parques - vida

ica Latina

2 **a]** Ahora vas a leer un texto de un escritor uruguayo, Eduardo Galeano, sobre Montevideo. Pregúntale al profesor el significado de lo que no entiendas.

> Montevideo es la ciudad de los cafés. Allí no se pregunta: «¿Dónde vivís?», sino: «¿En qué café parás?». Casi no hay cafés en los barrios de los ricos, pero en el centro, en la ciudad vieja y en los barrios pobres y de clase media, he contado hasta siete cafés en un solo cruce de esquinas. Refugio de solitarios y lugar de encuentro, espacio cómplice de comunicación para las confidencias de las parejas o para el estrépito de las «barras» de los vecinos, los compañeros de trabajo o los hinchas de fútbol, el café es también el tradicional escenario de las «peñas» de los artistas y los políticos.
>
> EDUARDO GALEANO: *Nosotros decimos no*

b] ¿Cuál es la idea principal del texto?

c] Di tres palabras del texto que creas que no se utilizan en todos los países de habla hispana.

d] Piensa en los dos textos y diles a tus compañeros algunas cosas que crees que hacen los habitantes de Montevideo en su tiempo libre.

RECUERDA

COMUNICACIÓN

Hablar de lo que se ha hecho recientemente
- □ ¿A qué hora te has levantado hoy?
- o A las ocho.

GRAMÁTICA

Pretérito perfecto

He Has Ha Hemos Habéis Han	+	Participio pasado

- *He hablado*
- *Hemos comido*
- *Han subido*

Terminación del participio pasado

Infinitivo	Participio pasado
-ar	-ado
-er	-ido
-ir	

- *Hablar: habl - ado → hablado*
- *Comer: com - ido → comido*
- *Vivir: viv - ido → vivido*

(Ver resumen gramatical, apartado 3.3)

COMUNICACIÓN

Disculparse
- Perdona por llegar tarde.
- Lo siento, de verdad.

Poner excusas
- Es que he perdido el tren.

Experiencias y opiniones

1 Mira las fotos y responde a las preguntas.

Machu Picchu

Salamanca

Roma

Río de Janeiro

Londres

El Cairo

Granada

Buenos Aires

■ ¿Conoces estos lugares y monumentos?

■ ¿Cómo se llaman?

■ ¿Sabes en qué países están?

2 ¿Has estado alguna vez en esas ciudades o en esos países? Completa las siguientes frases con tu información.

He estado (una vez) en .... (y ....).

He estado (varias veces) en .... (y ....).

No he estado nunca en .... (ni ....).

3 ¿Verdadero o falso? Lee estas informaciones y pregunta al profesor qué significa lo que no entiendas. Luego escucha la conversación y señala verdadero o falso.

	V	F
1. Ha estado en los cinco continentes.	☐	☐
2. No ha montado nunca en camello.	☐	☐
3. Ha comido carne de serpiente.	☐	☐
4. No le gustó la carne de serpiente.	☐	☐
5. Ha ido de safari.	☐	☐

PRONUNCIACIÓN

Entonación

4 a] Escucha las siguientes frases.

b] Escucha de nuevo y marca si son afirmativas o interrogativas.

	Afirmativa	Interrogativa
1		
2		
3		
4		
5		

5 Habla con tus compañeros y escribe el nombre de uno de ellos en cada caso.

Puedes empezar así:

○ ¿Has estado alguna vez en Latinoamérica?

○ Sí, (he estado)... ¿Y tú?
○ No, (no he estado) nunca.
○ Pues yo (he estado)...
○ Yo tampoco.

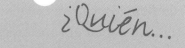

¿Quién...

... ha estado en Latinoamérica?
... ha trabajado de camarero/a?
... ha tenido algún accidente de tráfico?
... ha perdido alguna vez una cosa de valor?
... se ha encontrado alguna vez una cosa de valor?
... ha comido turrón?
... ha cantado alguna vez en público?
... ha visto alguna película española?
... ha hecho teatro alguna vez?

6 **a)** Observa y lee.

- Los señores de Cadosa son colombianos.
- Están de vacaciones en Madrid.
- Mira su plan del día.

- Ir al Museo del Prado.
- Ir al Centro de Arte Reina Sofía.
- Ver la Plaza Mayor.
- Visitar la Puerta del Sol.
- Pasear por el Parque del Retiro.
- Visitar el Palacio Real.
- Ver la Cibeles y el Palacio de Comunicaciones.
- Comer en el restaurante Botín.
- Probar el cocido madrileño.
- Ir al Rastro.

b) Mira su agenda de nuevo. Escribe las cosas que han hecho y las que no han hecho todavía.

- Ir al Museo del Prado. ✓
- Ir al Centro de Arte Reina Sofía.
- Ver la Plaza Mayor. ✓
- Visitar la Puerta del Sol.
- Pasear por el Parque del Retiro.
- Visitar el Palacio Real. ✓
- Ver la Cibeles y el Palacio de Comunicaciones.
- Comer en el restaurante Botín.
- Probar el cocido madrileño.
- Ir al Rastro.

Ya han ido al Museo del Prado.
Todavía no han ido al Centro de Arte Reina Sofía.

7 **a)** Decide con tus compañeros qué consideráis necesario para conocer un poco la ciudad donde estáis. Luego escríbelo en el recuadro.

	Ya	Aún/Todavía no
Ir a		
Estar en		
Visitar		
...		

b) Señala tus respuestas.

c) Pregunta a tu compañero si ha hecho ya esas cosas y marca sus respuestas.

d) Compara con tu compañero las respuestas. ¿Quién conoce mejor esa ciudad?

8 a) Observa estas fotos.

b) Imagina que eres una de esas personas. Piensa en algunas cosas importantes que has hecho en tu vida y escríbelas. Puedes usar el diccionario.

c) Enseña al profesor lo que has escrito.

d) Díselo a tus compañeros. ¿Saben quién eres?

Opiniones

9 **a]** Lee las opiniones de estos cuatro estudiantes de español y decide dónde van las frases del recuadro.

A. Hay que hacer ejercicios de pronunciación y entonación en clase.

B. Es muy importante aprender bien la gramática.

C. No me importa cometer algunos errores.

D. No sé si estoy hablando bien o mal.

«Cuando estudio una lengua, quiero hablar, comunicarme con las personas que hablan esa lengua. Mi objetivo es comprender lo que oigo y que la gente comprenda lo que digo, 1... Por esa razón pienso que es necesario hablar mucho en clase».

Lucy

«Creo que es muy importante aprender a pronunciar y entonar frases correctamente. Muchas veces me siento muy frustrado porque quiero decir palabras que conozco, pero las pronuncio mal y la gente no me entiende. En mi opinión, 2...».

Chris

«Si no estudias gramática, aprendes más lentamente y olvidas las cosas fácilmente, por eso 3... ¡Ah!, y fuera de clase, en la calle, puedes aprender vocabulario, pero normalmente no aprendes gramática».

Michael

«A veces, cuando hablamos, el profesor no nos corrige los errores, y eso no me gusta porque 4...».

Akira

b] Ahora responde a estas preguntas.

- ¿Cuál de los cuatro estudiantes...
- ... **piensa** que el profesor debe corregirle siempre?
- ... **cree** que la gramática es fundamental?
- ... **piensa** que es importante hablar mucho en clase?
- ... **cree** que hay que hacer ejercicios de fonética en clase?

c] Lee de nuevo y di qué personas crees que están estudiando español en un país de habla hispana. ¿Por qué?

○ Creo que... porque...

10 Y tú, ¿qué opinas? ¿Estás de acuerdo con ellos? Coméntalo con tu compañero.

- ○ Yo (no) estoy de acuerdo con... porque...
- ○ Pues yo creo que... porque...

FÍJATE EN LA GRAMÁTICA

Creo / Pienso que (no)

- Yo (no) estoy de acuerdo con Lucy porque [creo / pienso] que...

- ¿Y tú?, ¿qué [piensas / crees] ?

- Pues yo [creo / pienso] que Lucy (no) tiene razón porque...

¿Lo tienes claro?

11 a) Escribe frases dando tu opinión sobre:

■ Lo más importante para aprender una lengua extranjera.
■ Lo más difícil de la lengua española.
■ Lo más fácil de la lengua española.

Creo
Pienso   que lo más importante para aprender una lengua extranjera es...

b) Ahora coméntalas con tus compañeros. ¿Están de acuerdo contigo?

12 a) Lee estas preguntas y habla con la clase.

¿Han dicho tus compañeros algo interesante que tú no haces en esas situaciones?

¿Qué haces tú para...

... aprender vocabulario?
... aprender gramática?
... comunicarte cuando no sabes una palabra?
... averiguar cómo se pronuncia una palabra?

EL CANTE FLAMENCO

1 a) Pregunta al profesor lo que significan estas palabras:

- cariño
- vergüenza
- corazón
- hiciste
- cortado

b) Elige dos palabras y memorízalas. Luego cierra el libro y escucha la canción. Ponte de pie cuando oigas una de ellas y siéntate cuando oigas la otra.

ica Latina

2 | **Ahora lee el fragmento de la letra de esta canción y busca:**

Una palabra que significa *mentiroso*.
Lo contrario de *has querido*.

DIME

Dime
si has mentido alguna vez
y dime si cuando lo hiciste
sentiste vergüenza de ser embustero.

Dime
dime
dime
si has odiado alguna vez
a quien hiciste creer
un cariño de verdad.

Dime
si siente tu corazón
como en sí mismo el dolor de tu hermano.

Dime
dime
dime
si has cortado alguna flor
sin que temblaran tus manos.
Dime

LOLE Y MANUEL: *Dime* (fragmento)

3 | **Escucha otra vez la canción y lee de nuevo la letra.**

4 | **Piensa en estas cuestiones y coméntalas con la clase.**

- ¿Qué tipo de música es?
  ¿Qué sabes de él?
- ¿De qué parte de España es típica?
- ¿Has escuchado otras canciones de este estilo?
- ¿Puedes decir el nombre de algún intérprete de este tipo de música?

COMUNICACIÓN

Hablar de experiencias personales
- ¿Has estado alguna vez en Moscú?
- Sí, (he estado) dos veces. / No, (no he estado) nunca.
- ¿Has ido ya al Museo del Prado?
- Sí, ya he ido. / No, todavía / aún no (he ido).

GRAMÁTICA

Pretérito perfecto
(Ver resumen gramatical, apartado 3.3)
Ya – aún / todavía no
(Ver resumen gramatical, apartado 17)

COMUNICACIÓN

Expresar opiniones
- Yo *creo* / *pienso* que el francés es bastante fácil.

Expresar acuerdo y desacuerdo
- Yo (no) estoy de acuerdo con Margit.
- Yo creo que Margit (no) tiene razón.

GRAMÁTICA

Con + pronombres personales
conmigo
contigo

con- usted/él/ella
nosotros/nosotras
vosotros/vosotras
ustedes/ellos/ellas

- Pues yo no estoy de acuerdo contigo.

(Ver resumen gramatical, apartado 4.5)

1 *a)* Lee y completa el texto con estas frases.

> - Viernes, sábado y domingo
> - Quiere dar clases en la universidad
> - Tiene un horario de noche

Juan Manuel Tardón (recepcionista). Trabaja en la recepción de un hotel y (1) ....: *tiene un horario de noche* entra a las doce de la noche y sale a las ocho de la mañana. Tiene tres días libres por semana: (2) .... *viernes, sábado domingo* Normalmente duerme por la mañana. Por la tarde estudia Sociología en la universidad. Lo que más le gusta de su trabajo es que no ve mucho a su jefe; lo que menos, el horario. No está muy contento con su trabajo y cree que gana muy poco, pero sabe que es un trabajo temporal. Cuando termine la carrera, (3). *quiere dar clases en la universidad*

b) Lee estas frases sobre lo que hace Juan Manuel un día normal y completa el cuadro con las horas. Usa también la información del texto anterior.

1. Tarda quince minutos en llegar al trabajo.
2. Se acuesta cuando llega a casa.
3. Duerme siete horas diarias.
4. Come un cuarto de hora después de levantarse.
5. Empieza las clases a las cinco de la tarde.
6. Tiene cinco horas de clase al día.
7. Generalmente cena hora y media antes de empezar a trabajar.

	Hora
salir de casa	
acostarse	
levantarse	
comer	
empezar las clases	
terminar las clases	
cenar	

Los estudios de español

2 *a)* En parejas. Hazle a tu compañero las preguntas correspondientes y anota sus respuestas.

1.	Lo que más le gusta de la clase de español.
2.	Lo que menos le gusta de la clase de español.
3.	¿Hace los deberes siempre?
4.	Número de horas que estudia individualmente al día.
5.	¿Cree que progresa adecuadamente?
6.	¿Cree que puede hacer algo para aprender más? ¿Qué?

¿Qué es lo que más te gusta de la clase de español?

b) Utiliza esas notas para escribir un texto sobre los estudios de español de tu compañero.

Lo que más le gusta a (David) de la clase de español es...

c) Intercámbialo con él para que lo corrija. Luego comentad los posibles errores.

3 **a)** Mira estas fotos de Lanzarote y responde a las preguntas.

Valle de las Palmeras.

Playa del Papagayo.

Parque nacional de Timanfaya.

Jameos del Agua.

- ¿Sabes dónde está Lanzarote?
- ¿Has estado alguna vez allí? ¿Te gustó?

b) Ahora escucha esta conversación telefónica entre Chema (de vacaciones en Lanzarote) y Rosa (en Madrid) y marca la columna correspondiente.

	Ya lo ha hecho	Aún / Todavía no lo ha hecho	No se sabe
Estar en la playa del Papagayo.	✓		
Visitar el parque nacional de Timanfaya.	✓		
Estar en los Jameos del Agua.	✓		
Ir al mercado de Teguise.			✓
Ver a Angelines.		✓	
Ir al restaurante recomendado.		✓	
Bañarse en el mar.			✓
Comprarse la cámara.		✓	

4 **a)** Busca cinco palabras difíciles en las lecciones 1–5 y escríbelas. Si no recuerdas cómo se dicen en tu lengua, míralas en el diccionario y escribe su traducción.

b) En grupos de tres, por turnos. Un alumno dice una de esas palabras y los otros dos tienen que imaginar y representar un pequeño diálogo incluyéndola. Si no lo hacen correctamente, el primer estudiante obtiene un punto. Gana el que consigue más puntos.

¿Bien o mal?

5 Lee las instrucciones del juego y pregúntale al profesor lo que no entiendas:

SALIDA	No ha venido a clase porque está enfermo **11**	**12**	La semana que viene voy estudiar mucho. **23**	¿Nos trae un poco más de pan, por favor? **24**
Dice que su hija está muy inteligente. **1**	¿Cuánto tardas en llegar a casa? **10**	¿No son tus padres en casa? **13**	Ayer fui al cine en bicicleta. **22**	**25**
Hoy están muchos coches en la calle. **2**	**9**	Trabaja muchísimo: diez horas al día. **14**	Sigue todo recto y tome la segunda a la izquierda. **21**	¡Qué bonitos! **26**
3	Tu hermano mayor está médico, ¿no? **8**	**15**	**20**	¿Por qué eres tan contento hoy? **27**
Mi pueblo es famoso para el vino. **4**	¿Nunca no comes carne? **7**	A Luis no se gustan mis zapatos. **6**	**19**	**28** ....
5	Por la mañana voy a clase y por la tarde trabajo. **6**	Creo es alemana, pero no estoy seguro. **17**	Perdona por llegar tarde. **18**	Me duele muchísimo las piernas hoy. **29**

INSTRUCCIONES

1. En grupos de tres o cuatro. Juega con un dado y una ficha de color diferente a la de tus compañeros.

2. Por turnos. Tira el dado y avanza el número de casillas que indique.

3. Si caes en una casilla con una o varias frases, decide si están bien o mal y, en este caso, corrígelas.

35 ¿Qué hay hacer para aprender bien español?	**36** —Me encanta esquiar. • A mí sí.	**47** Pues yo termino de trabajar a las 6 en la tarde	**48** —¿Qué van a tomar de postre? • Yo, una naranja. ▲ Para mí un flan.	**LLEGADA**
34 ... pero los fines de semana no nos acostamos muy tarde.	**37** No me voy bien tan pronto. ¿Por qué no vamos a la siguiente sesión?	**46**	**49** ¿Sábes dónde está el teatro Romea?	**50** ¿Qué es que más te gusta de la clase?
33	**38** —¿Conoces París? • Sí, he estado muchas veces allí.	**45** Aún no he ido a la playa este año.	**50**	**57** ....
32 Mañana está un concierto muy bueno.	**39**	**44**	**51** Oye, perdona, ¿tiene hora?	**56** ¿Qué es tu cantante favorito?
31	**40**	**43** Hoy ha venido mucha gente a clase, ¿no?	**52**	**55** Pues yo no estoy de acuerdo contigo.
30 Esta semana he escrito cinco cartas.	**41** —¿Saliste ayer por la tarde? • No, me quedé en casa	**42** —¿Está Quique? • ¿De parte de quién?	**53** — No me gusta ese cuadro. • A mí tampoco.	**54** Vale, entonces quedamos a las 8 delante del cine.

4. Si tus compañeros están de acuerdo con lo que dices, quédate en esa casilla.
   · Si no están de acuerdo contigo, preguntad al profesor quién tiene razón.
   · Si estás equivocado, vuelve a la casilla donde estabas.
5. Si caes en el principio de una flecha, ve a la casilla en la que termina.

preparación de la tarea

a) **Lee el artículo y elige el título adecuado:**

A. COMEMOS MÁS QUE ANTES

B. COMEMOS COMO ANTES

C. COMEMOS PEOR QUE ANTES

La dieta española, como la de otros muchos países, está cambiando. Los alimentos tradicionales están siendo sustituidos por otros, normalmente de origen norteamericano, que son peores para la salud porque tienen muchas grasas animales. Actualmente tomamos menos legumbres, verduras, ensaladas, arroz y aceite de oliva que antes. Por el contrario, el consumo de hamburguesas, perritos calientes, sándwiches y patatas fritas es ahora mayor.

También cocinamos menos que antes y comemos más fuera de casa, a menudo alimentos con mucha grasa. Las consecuencias de estos nuevos hábitos alimenticios son claramente negativas: el número de enfermedades relacionadas con la mala alimentación es cada vez mayor.

El Mundo del Siglo Veintiuno.
(Adaptado).

b) **Busca dos alimentos tradicionales de España que aparecen en el texto.**

- ¿Los has tomado alguna vez?
- ¿Te gustan?

c) **Comenta ahora el artículo con tus compañeros.**

- ¿En tu país pasa lo mismo que en España?

　　Creo que la comida... porque...

　　Pues yo creo que...

¿Cuál es la dieta ideal?

en marcha

EN PAREJAS

1 **Escribid** un pequeño texto sobre la dieta de otro país, sin decir cuál es. Podéis consultar también el texto de la página 32.

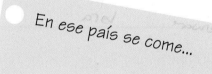

En ese país se come...

2 **Pasad** el texto a otra pareja para que adivine de qué país se trata, comentadlo y corregid los posibles errores.

3 **Pegad** los textos por la clase para que vuestros compañeros puedan leerlos y, entre todos, decidid qué país sigue una dieta mejor. No olvidéis justificar vuestra elección.

OBJETIVOS

Ropa

O B J E T I V O S

• Decir qué ropa lleva otra persona

• Hacer comparaciones

• Comprar un artículo en una tienda de ropa

1 a] Lee estas palabras del recuadro y busca en un diccionario cinco que no conozcas.

• Vestido	• Vaqueros	• Abrigo	• Chaqueta	• Traje
• Medias	• Blusa	• Jersey	• Zapatos	• Camisa
• Bragas	• Camiseta	• Botas	• Corbata	• Calcetines
• Pantalones	• Calzoncillos	• Sujetador	• Falda	• Cazadora

(handwritten annotations:)
tights
Women's underwear
men's underware
bra
sports Jacket

b] Pregunta a tus compañeros el significado de las que te faltan.

c] Mira el dibujo y subraya en el recuadro anterior los nombres de las prendas que veas.

PRONUNCIACIÓN

¿La sílaba más fuerte?

2 **a]** Copia todas las palabras de la actividad 1.

b] Escucha y subraya la sílaba más fuerte.

c] Escucha y repite.

3 **a]** Siéntate de espaldas a tu compañero y no le mires. Intenta recordar cómo va vestido y díselo. Él te dirá si es verdad o no.

- ○ *Llevas (una camisa blanca, unos vaqueros, unos zapatos negros...).*
- ○ *(No, los zapatos no son negros). /*
  (Sí).

b] Elige a un compañero y anota todo lo que lleva (puesto). Díselo a la clase. ¿Saben quién es?

○ *Perdone, ¿cuánto cuesta esa blusa?*

○ *Cuarenta y siete euros.*

○ *¿Y la blanca?*

○ *Noventa y dos. Es más cara, pero es mejor; es de seda.*

FÍJATE EN LA GRAMÁTICA

COMPARATIVOS

Superioridad	Más + adjetivo + que
Igualdad	Tan + adjetivo + como
Inferioridad	Menos + adjetivo + que

○ *Mi falda es **más** larga **que** tu falda.*

○ *Ese restaurante es **tan** caro **como** el otro.*

Comparativos irregulares

Más bueno → mejor
Más malo → peor
Más grande → mayor
Más pequeño → menor

5 | Ahora observa de nuevo el dibujo de la actividad 1 c) y escribe la palabra que corresponda.

● Es más cara que el vestido.

...... La chaqueta

● Es más corta que el vestido.

...... falda

● Es tan caro como el traje.

~~pantalones~~ ~~falda~~ Abrigo ~~Jese~~

● No son tan caros como la corbata.

...... Calcetines

● Son tan caros como el jersey.

...... pantalones

● No es tan cara como la camiseta.

...... ~~falda~~ corbata

6 **a)** Observa el dibujo. Luego, busca los adjetivos necesarios para comparar las prendas.

- ▣ Largo-a/s
- ▣ Moderno-a/s
- ▣ Ancho-a/s
- ▣ Estrecho-a/s
- ▣ Bonito-a/s

- ▣ Feo-a/s
- ▣ Cómodo-a/s
- ▣ Incómodo-a/s
- ▣ Caro-a/s
- ▣ Barato-a/s

b) Prepara frases sin mencionar de qué prenda se trata y díselas a tu compañero. ¿Sabe de qué prenda estás hablando?

- ◉ *Son más anchos que los vaqueros azules.*
- ◎ *Los vaqueros marrones.*

En una tienda

Dependiente	Buenas tardes. ¿Qué desea?
Clienta	¡Hola! Quiero un vestido para mí.
Dependiente	¿Cómo lo quiere?
Clienta	Pues rojo y... no sé... Sí, de algodón.
Dependiente	¿Qué talla tiene?
Clienta	La treinta y ocho.
Dependiente	Mire, tenemos estos modelos. ¿Le gusta alguno?
Clienta	Sí. ¿Puedo probarme este?

Dependiente	Por supuesto. El probador está al fondo, a la izquierda.
	(...)
Dependiente	¿Qué tal le queda?
Clienta	Muy bien. ¿Cuánto cuesta?
Dependiente	Sesenta y ocho euros.
Clienta	De acuerdo. Me lo llevo.
Dependiente	Muy bien. Pase por caja, por favor.

8 **Elige una prenda de la actividad 1 y practica con un compañero el diálogo de la actividad 7.**

FÍJATE EN LA GRAMÁTICA

Pronombres de objeto directo

	Masculino	Femenino
Singular	lo	la
Plural	los	las

○ ¿Le gusta este abrigo?
○ No. **Lo** quiero más largo.

○ ¿Le gusta esta falda?
○ No. **La** quiero más corta.

¿Lo tienes claro?

9 Escucha este diálogo entre un cliente y el dependiente de una tienda.
Escribe:

¿Qué quiere?

_____

_____

_____

¿Cómo la quiere?

_____

_____

_____

¿Cuánto cuesta?

¿Para quién es?

_____

¿De qué talla?

¿Cómo le queda?

¿La compra?

_____

10 Ahora vosotros.

Alumno A:

Eres el dependiente de una tienda de ropa.

Alumno B:

Estás en una tienda de ropa y quieres comprar algo para un amigo, pero no sabes qué.

No puedes gastar más de treinta euros.

Tu amigo tiene la misma talla que tú.

UN CÓMIC

1 a) Mira este chiste.

b) Busca en el diccionario el significado de: *colocar, quitar*.

c) Ahora pregunta a tu profesor qué significan: *loco, loquito*.

d) ¿Entiendes ahora el chiste?

ica Latina

2 a) En parejas, escribid el diálogo en las burbujas.

b) Decidles a vuestros compañeros lo que habéis escrito. ¿Coincide con lo creado por alguna pareja?

c) ¿Te gusta mucho el diálogo escrito por alguna pareja? ¿Te han enseñado algo tus compañeros en esta actividad? Si lo deseas, puedes tomar nota de ello.

RECUERDA

COMUNICACIÓN

Hacer comparaciones
- Eres más alto que yo.
- Luisa es tan graciosa como Isabel.

GRAMÁTICA

Comparaciones con adjetivos
- *más* + adjetivo + *que*
- *tan* + adjetivo + *como*
- *no* + verbo + *tan* + adjetivo + *como*
- *menos* + adjetivo + *que*

(Ver resumen gramatical, apartado 13)

COMUNICACIÓN

Comprar ropa
- □ Quiero un jersey.
- ○ ¿De qué color lo quiere?
- □ Negro.
- ○ ¿Es para usted?
- □ Sí.
- ○ ¿Qué talla tiene?
- □ La 40.
- ○ ¿Puedo probarme este?
- □ Por supuesto. El probador está al fondo, a la izquierda

GRAMÁTICA

Pronombres de objeto directo
Lo, la, los, las

(Ver resumen gramatical, apartado 4.2)

¡Feliz cumpleaños!

OBJETIVOS

- Decir lo que se está haciendo
- Felicitar a alguien el día de su cumpleaños
- Ofrecer regalos
- Valorar cosas
- Ofrecer comida o bebida y aceptarla o rechazarla
- Preguntar y decir la fecha del cumpleaños

1 ¿Verdadero o falso? Observa el dibujo. Luego lee las frases y señala lo que está haciendo cada persona.

	V	F
1. La chica de la falda amarilla está bebiendo vino.	☐	☐
2. El señor del bigote está bailando.	☐	☐
3. La señora del vestido verde está abriendo la puerta.	☐	☐
4. El chico de la camisa blanca está sentándose.	☐	☐
5. La chica de los pantalones rojos está hablando con otra chica.	☐	☐
6. El chico de la cazadora marrón está comiendo algo.	☐	☐
7. La señora del vestido rojo está viendo los discos.	☐	☐
8. El chico de los pantalones marrones está escribiendo.	☐	☐
9. El señor de las gafas está quitándose la chaqueta.	☐	☐

FÍJATE EN LA GRAMÁTICA

Estar + gerundio

Para referirnos a una acción que se realiza en el momento en que estamos hablando o del que estamos hablando.

Estar	+	gerundio
Estoy		bailando
Estás		
Está		bebiendo
Estamos		
Estáis		saliendo
Están		

Gerundio: verbos regulares

- AR	- ER	- IR
- ando	- iendo	- iendo

• *trabajando*   • *comiendo*   • *escribiendo*

---

2 Lee de nuevo las frases de la actividad anterior y completa este cuadro.

	-ar	-er	-ir	Verbos reflexivos
Infinitivo	bailar hablar	comer beber ver	escribir abrir	sentarse quitarse
Gerundio	bailando	comiendo	escribiendo	sentándose ....

FÍJATE EN LA GRAMÁTICA

Gerundio

algunos verbos irregulares

decir →	diciendo
leer →	leyendo
dormir →	durmiendo

3 a) Observa otra vez el dibujo de la actividad 1 y prepara cinco frases de «¿Verdadero o falso?» para tu compañero.

La chica de la camiseta verde está bailando.

b) ¿Tenéis buena memoria? En parejas. Tapad la ilustración de la actividad 1 y preguntad qué están haciendo estas personas:

La chica de la falda marrón	El señor de las gafas	La chica de la falda amarilla	El chico de la camisa blanca	La señora del vestido verde

● *¿Qué está haciendo la chica de la falda marrón?*
● *No me acuerdo. / Está hablando con otra chica.*
● *Sí (Me parece que) No. (Creo que) Está...*

 4 a) Escucha esta conversación. ¿Cuántos verbos dicen en gerundio?

b) Escucha y completa el cuadro.

	¿Dónde está?	¿Qué está haciendo?
La abuela		
Marta		
Carlitos		
Sonia		

Una clase sin profesor

5 a) En parejas.

> **Alumno A:**
> Mira el dibujo y escribe los nombres al lado de cada una de las personas. Luego responde a las preguntas de tu compañero.

- Antonio
- Laura
- Olga
- Javier

- Marisol
- Alicia
- Cristina
- Marisa

- David
- Miguel
- Julio
- Nuria

- Antonio
- Laura
- Olga
- Javier

- Marisol
- Alicia
- Cristina
- Marisa

- David
- Miguel
- Julio
- Nuria

> **Alumno B:**
> Pregunta al alumno A qué está haciendo cada una de estas personas y escribe el nombre correspondiente al lado de cada una de ellas.

b) Ahora podéis cambiar de papel y realizar de nuevo la actividad.

6 **a)** Imagina que estás haciendo una cosa. Piensa, también, dónde la estás haciendo y escríbelo en un papel.

Estoy nadando en el mar.

b) Ahora haz mimo. Tus compañeros tienen que adivinar qué estás haciendo y dónde. Tú solo puedes decir «sí» o «no».

- *¿Estás nadando?*
- *Sí.*
- *¿Estás nadando en un río?*
- *No.*
- *¿En una piscina?*
- *No,*
- *¿Estás nadando en el mar?*
- *Sí.*

PRONUNCIACIÓN

Entonación

7 **a)** Escucha y marca la frase que oigas.

1. A: Solo tiene 10.000 habitantes. B: ¿Solo tiene 10.000 habitantes? C: ¡Solo tiene 10.000 habitantes!	**6.** A: Va todos los días al cine. B: ¿Va todos los días al cine? C: ¡Va todos los días al cine!
2. A: Es muy alto. B: ¿Es muy alto? C: ¡Es muy alto!	**7.** A: Están durmiendo. B: ¿Están durmiendo? C: ¡Están durmiendo!
3. A: Le gusta el vino. B: ¿Le gusta el vino? C: ¡Le gusta el vino!	**8.** A: Está de vacaciones. B: ¿Está de vacaciones? C: ¡Está de vacaciones!
4. A: Porque no quieres. B: ¿Por qué no quieres? C: ¡Porque no quieres!	**9.** A: Porque no trabajas. B: ¿Por qué no trabajas? C: ¡Porque no trabajas!
5. A: Está leyendo la sección de deportes. B: ¿Está leyendo la sección de deportes? C: ¡Está leyendo la sección de deportes!	

b) Escucha y repite esas frases.

c) En parejas. Elegid una frase del apartado a) e incluidla en un diálogo entre dos personas. Luego, escribid el diálogo.

d) Ahora representadlo. Vuestros compañeros tienen que decir qué frase es exactamente.

En una fiesta

8 a) Escucha y lee.

Paco ● ¡Hola! ¡Felicidades!
Lola ● ¡Hola! Gracias, Paco.
Paco ● ¡Feliz cumpleaños!
Toma, esto es para ti.
Lola ● Humm... Muchas gracias.
A ver, a ver qué es...
¡Unos pendientes! ¡Qué bonitos!
Paco ● ¿Te gustan?
Lola ● Me encantan. Ahora te presento a la
gente, pero antes vamos a comer algo.
Paco ● ¡Buena idea!
Lola ● Coge, coge.
Paco ● Sí, gracias... Humm... ¡qué buenos!

Lola ● ¿Quieres un poco de vino?
Paco ● Sí, pero solo un poco.
(...)
Lola ● Coge un trozo de tarta, que está muy
buena.
Paco ● No, de verdad, gracias. Es que ya no puedo
más.

b) Responde.

| ¿Cuántas veces ofrecen cosas? | ¿Cuántas veces las aceptan? | ¿Cuántas las rechazan? |

9 Escucha y repite.

- ¡Felicidades!
- ¡Feliz cumpleaños!
- Toma, esto es para ti.
- ¡Unos pendientes! ¡Qué bonitos!

- ¿Quieres un poco de vino?
- Coge, coge un poco de tarta,
  que está muy buena.
- No, de verdad, gracias. Es que ya no puedo más.

10 a) En parejas.

Alumno A:

Tu compañero
está en tu casa.
Ofrécele alguna
de estas cosas.

Alumno B:

Estás en casa de tu compañero. Él
te va a ofrecer cosas. Tú puedes
aceptarlas o rechazarlas. Si recha-
zas algo, dile por qué.

- ¿Quieres...?
- Coge...

b) Ahora cambiad de papel.

El calendario

11 **a]** Observa este calendario y lee los meses del año.

ENERO	FEBRERO	MARZO
1 2 3 4 5 6	1 2 3	1 2 3
7 8 9 10 11 12 13	4 5 6 7 8 9 10	4 5 6 7 8 9 10
14 15 16 17 18 19 20	11 12 13 14 15 16 17	11 12 13 14 15 16 17
21 22 23 24 25 26 27	18 19 20 21 22 23 24	18 19 20 21 22 23 24
28 29 30 31	25 26 27 28	25 26 27 28 29 30 31

ABRIL	MAYO	JUNIO
1 2 3 4 5 6 7	1 2 3 4 5	1 2
8 9 10 11 12 13 14	6 7 8 9 10 11 12	3 4 5 6 7 8 9
15 16 17 18 19 20 21	13 14 15 16 17 18 19	10 11 12 13 14 15 16
22 23 24 25 26 27 28	20 21 22 23 24 25 26	17 18 19 20 21 22 23
29 30	27 28 29 30 31	24 25 26 27 28 29 30

JULIO	AGOSTO	SEPTIEMBRE
1 2 3 4 5 6 7	1 2 3 4	1
8 9 10 11 12 13 14	5 6 7 8 9 10 11	2 3 4 5 6 7 8
15 16 17 18 19 20 21	12 13 14 15 16 17 18	9 10 11 12 13 14 15
22 23 24 25 26 27 28	19 20 21 22 23 24 25	16 17 18 19 20 21 22
29 30 31	26 27 28 29 30 31	23 24 25 26 27 28 29
		30

OCTUBRE	NOVIEMBRE	DICIEMBRE
1 2 3 4 5 6	1 2 3	1
7 8 9 10 11 12 13	4 5 6 7 8 9 10	2 3 4 5 6 7 8
14 15 16 17 18 19 20	11 12 13 14 15 16 17	9 10 11 12 13 14 15
21 22 23 24 25 26 27	18 19 20 21 22 23 24	16 17 18 19 20 21 22
28 29 30 31	25 26 27 28 29 30	23 24 25 26 27 28 29
		30 31

 b] Escucha los nombres de los meses del año y subraya la sílaba más fuerte.

12 Elige un día del calendario de la actividad 11. Tus compañeros tienen que averiguar cuál es.

- ¿Es en agosto?
- No, después.
- ¿En noviembre?
- No, antes.
- ¿En octubre?
- Sí.
- ¿Es un lunes?
- No.
- ¿Un jueves?
- Sí.
- ¿Es el día 24?
- No, antes.

13 Pregunta a tus compañeros qué día es su cumpleaños y haz una lista con los nombres y las fechas.

- ¿Qué día es tu cumpleaños?
- El (veintiséis) de (junio). ¿Y el tuyo?
- El (cinco) de (marzo).

¡No te olvides de felicitarles el día de su cumpleaños!

¿Lo tienes claro?

14 En grupos de cuatro (A, B, C y D).

Alumno A:

Es tu cumpleaños y has invitado a varios amigos y amigas a una fiesta en tu casa. Piensa en la comida y bebida que vas a preparar.

Ofrece a tus invitados lo que has preparado.

Alumno B:

Un amigo tuyo (A) te ha invitado a una fiesta de cumpleaños en su casa. Decide qué le vas a regalar.

Felicita a tu amigo y entrégale el regalo.

Alumno C:

Un amigo tuyo (A) te ha invitado a una fiesta de cumpleaños en su casa. Decide qué le vas a regalar.

Felicita a tu amigo y entrégale el regalo.

Alumno D:

Un amigo tuyo (A) te ha invitado a una fiesta de cumpleaños en su casa. Decide qué le vas a regalar.

Felicita a tu amigo y entrégale el regalo.

EL DÍA DE LOS MUERTOS

1 **a)** **Estas fotos corresponden a unos actos que se realizan cada año en México. Obsérvalas y di si te hacen pensar en algo alegre o triste.**

b) **Lee y comprueba. Puedes usar el diccionario.**

Los días uno y dos de noviembre se celebra en México la Fiesta de los Muertos, una de las más importantes del año. Curiosamente, no son unos días tristes, sino muy alegres. Ello es debido a la especial relación que el mexicano tiene con la muerte, una relación natural en la que la idea de la muerte no causa el miedo que produce en otros países. En muchos lugares de México, esos días los muertos reciben la bienvenida al mundo de los vivos y muchos familiares van a los cementerios a comer y a llevar a los muertos las cosas que más les gustaban cuando estaban vivos. Hay personas que incluso organizan conciertos ante la tumba. Y en las casas se hacen altares en torno al retrato del difunto.

La flor típica de esa fiesta es la caléndula, que según los mexicanos provoca la alegría de los muertos. No son pocas las personas que las utilizan para hacer un camino desde la tumba hasta sus casas. También son típicas las *calacas*, cráneos de azúcar o chocolate, muy decorados, que se regalan y llevan el nombre de la persona a la que van destinados. Esos días podemos ver, además, figuras de papel, cartón, azúcar, etcétera, que representan a los muertos realizando actividades de la vida cotidiana: hablan por teléfono, viajan, venden cosas…

c) **Lee de nuevo y subraya la opción apropiada.**

- Los dos primeros días de noviembre, muchos mexicanos están muy **contentos** preocupados.
- En México, la muerte produce **más** menos miedo que en otras partes del mundo.
- Esos días, **poca** mucha gente toma los platos favoritos de sus muertos.
- Muchos mexicanos creen que existe una flor que ayuda a los muertos a estar **contentos** tristes.
- Las *calacas* se pueden **beber** comer.

ica Latina

d] ¿Hay algo que te sorprenda? Díselo a la clase.

e] Y en tu país, ¿cómo se celebra el Día de los Muertos? Coméntalo con tus compañeros.

RECUERDA

COMUNICACIÓN

Decir qué se está haciendo
- □ ¿Qué haces?
- ○ Estoy esperando a Gustavo.

GRAMÁTICA

Estar + gerundio
(Ver resumen gramatical, apartados 3.7 y 14)

Verbo estar
- ■ **Descripción de situaciones (*estar* + gerundio).**
- • Luis está viendo la televisión y Julia está leyendo.

COMUNICACIÓN

Ofrecer regalos
- • Toma, esto es para ti.

GRAMÁTICA

Para + pronombres personales
(Ver resumen gramatical, apartado 4.5)

COMUNICACIÓN

Valorar cosas
- • ¡Qué bonita es!   • ¡Qué originales!

Preguntar y decir la fecha del cumpleaños
- □ ¿Qué día es tu cumpleaños?
- ○ El treinta y uno de octubre.

GRAMÁTICA

Frases exclamativas
- ■ **¡*Qué* + adjetivo (+ verbo)!**
- *(Ver resumen gramatical, apartado 11)*

Verbo ser
- ■ **Valoración de objetos.**
- • (Este reloj) Es precioso.
- ■ **Localización en el tiempo.**
- • Mi cumpleaños es el dos de enero.
- *(Ver resumen gramatical, apartado 6.1)*

COMUNICACIÓN

Ofrecer comida o bebida y aceptarla o rechazarla
- □ ¿Quieres un poco de vino?
- ○ Sí, gracias. (Pero muy poco). / No, gracias. / No, de verdad, gracias. Es que ya no puedo más.

GRAMÁTICA

Verbo estar
- ■ **Valoración de alimentos consumidos.**
- • ¡Qué buena está esta tarta!
- *(Ver resumen gramatical, apartado 6.2).*

Contar un viaje

1 **Mira estas fotos y responde a las preguntas.**

Las Ramblas

La estatua de Colón

La Sagrada Familia

El parque Güell

La catedral

La Fundación Miró

- ¿Te gustan?
- ¿Sabes de qué ciudad son?
- ¿Has estado alguna vez allí?
- ¿Por qué es famosa?

2 Lee esta postal escrita en Barcelona y di los lugares de la actividad 1 que ha visitado Cristina.

3 **a)** En el texto de la postal aparecen verbos en pretérito indefinido. ¿Recuerdas ese tiempo verbal? Léela de nuevo y escribe las formas que corresponden a ese tiempo de los siguientes verbos.

Venir – *vine*
Salir – *salí*

Gustar – *gustó*
Visitar – *visité*
Estar – *estuvimos*

Ir   – *ido* (*fui*)
Conocer– *conocí*

¿Cuáles son irregulares?
Venir, Ir, Estar

b) **Observa:**

FÍJATE EN LA GRAMÁTICA

Pretérito indefinido

Verbos regulares

	-AR Visitar	-ER Conocer	-IR Salir
(yo)	visité	conocí	salí
(tú)	visitaste	conociste	saliste
(él/ella/usted)	visitó	conoció	salió
(nosotros/as)	visitamos	conocimos	salimos
(vosotros/as)	visitasteis	conocisteis	salisteis
(ellos/ellas/ustedes)	visitaron	conocieron	salieron

Verbos irregulares

	Ir/Ser	Estar	Venir	Hacer
(yo)	fui	estuve	vine	hice
(tú)	fuiste	estuviste	viniste	hiciste
(él/ella/usted)	fue	estuvo	vino	hizo
(nosotros/as)	fuimos	estuvimos	vinimos	hicimos
(vosotros/as)	fuisteis	estuvisteis	vinisteis	hicisteis
(ellos/ellas/ustedes)	fueron	estuvieron	vinieron	hicieron

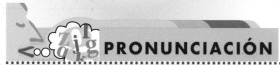

PRONUNCIACIÓN

4 **a]** Escucha y subraya la sílaba más fuerte de estas formas verbales en pretérito indefinido.

visité	salí	fui	hice	estuve
conociste	visitaste	estuvisté	*vitato*	*Seara*
visitó	salió	fue	vino	estuvo
conocimos	visitamos	estuvimos	*salistens*	*vitisteis*
salisteis	vinisteis	estuvisteis		
visitaron	conocieron	estuvieron		vinieron

b] Ahora subraya la sílaba más fuerte de las formas que aparecen en la sección «Fíjate en la gramática».

5 **a]** Lee estas referencias temporales (usamos con ellas el pretérito indefinido).

Ayer

Hace dos semanas

En Navidad

Anteayer

El otro día

El mes pasado

En 1975

El año pasado

En julio

Hace tres meses

La semana pasada

El 15 de junio de 1977

b] Ordénalas y colócalas en esta «línea del tiempo» (de la más próxima a la más alejada del presente).

En 1975 · El 15 de junio de 1977 · el año pasado · En julio · Hace tres meses · En Navidad · el mes pasado · hace dos semanas · la semana pasada · el otro día · Anteayer · ayer · hoy

6 **a]** En grupos de cuatro. Piensa en algo importante que hiciste en alguno de los momentos citados en la actividad 5 y escríbelo.

El año pasado conocí a mi novio.

b] Coméntalo con tus compañeros. ¿Hizo alguien algo interesante, divertido, sorprendente o extraño?

7 Escucha y repite lo que oigas solo si es verdadero. Si es falso, no digas nada.

8 ¿Qué expresión te sugiere cada uno de estos dibujos? Escríbela.

(stay)

1 Alojarse en un hotel
2 Hacer autoestop
3 Ir de cámping

4 Hacer la maleta
5 Ir de excursión
6 Coger el avión

alojarse en un hotel

Me alojé
te alogasté

Yo hice la maleta
tu hiciste la maleta

Yo fui para
un excursión

tu fuiste
para un
excursión

cogi
Yo coger el avion
tu cogiste avion

3

Yo fui cámping
tu fuiste cámping

Yo hice autoestop
Tu Hiciste autoestop

9 a) Escribe en la columna cuándo hiciste estas cosas por última vez.

	Tú	Tu compañero
Ir de cámping.	El verano pasado	En augost
Hacer la maleta.	hace dos meses hoy	hace tres semana
Coger el avión.	hace dos meses	dos meses
Hacer autoestop.	a fin de semana	en 2002
Pasar un fin de semana en el campo.	hace dos semanas	en navidad pasa
Alojarse en un hotel.	El verano pasado	verano pasado
Ir de excursión.	hoy	en augosta

b) Ahora pregúntale a tu compañero y escribe sus respuestas en la otra columna.

○ ¿Cuándo fuiste de cámping por última vez?
◎ El verano pasado. / En agosto. / Hace tres semanas. / ...

c) Compara sus respuestas con las tuyas. Luego habla con otros compañeros y averigua cuál es la pareja de la clase que coincide en más cosas.

Pues (Diana) y yo (fuimos de cámping el año pasado) y...

10 ¿Verdadero o falso? Escucha esta conversación y marca la opción correcta.

	V	F
1. Llegó a Toledo a las diez de la noche.	☑	☑
2. Por la mañana estuvo en la catedral.	☑	☐
3. Por la noche fue a una discoteca.	☑	☑
4. No bailó nada en la discoteca.	☑	☑
5. Volvió a Madrid el domingo por la mañana.	☑	☑

11 En parejas.

Alumno A

1. Usa las pautas para preguntarle al alumno B lo que no sabes sobre el viaje que hizo Maite y escribe las respuestas. Usa la información de los dibujos para responder a sus preguntas.

¿Adónde fue?

¿Cómo?

¿Con quién?

¿Actividades/domingo?   ¿Gustar/comida?

2. Comprueba si coincide lo que has escrito con los dibujos de tu compañero.

Alumno B

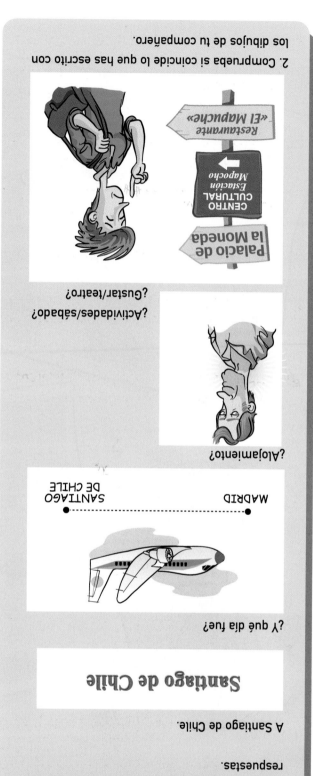

2. Comprueba si coincide lo que has escrito con los dibujos de tu compañero.

¿Actividades/sábado?
¿Gustar/teatro?

¿Alojamiento?

¿Y qué día fue?

A Santiago de Chile.

1. Responde a las preguntas del alumno A con la información de los dibujos. Usa las pautas para preguntarle lo que no sabes y escribe las respuestas.

12 Piensa en el mejor viaje de tu vida (o en uno de los mejores). Luego cuéntaselo a tus compañeros. Puedes fijarte en la actividad anterior.

El mejor viaje de mi vida fue (en mayo del año pasado. Fui con mis amigos a...)

¿Lo tienes claro?

13 a) Imagina que estás pasando el fin de semana en un lugar que te gusta mucho. Escribe una postal a un compañero de clase, pero ¡no la firmes!

¡Hola!...
Como ves, estoy en...
Ayer fui..., estuve...

b) Dásela a tu profesor para que la exponga en la clase. Cada destinatario deberá adivinar quién le ha escrito.

LAS ISLAS GALÁPAGOS

1 a) Averigua qué significan las palabras que no entiendas.

- volcánico
- fauna
- flora
- especies (animales y vegetales)
- medio ambiente
- evolución
- científico
- galápago

Las Islas Galápagos están situadas en el Océano Pacífico, a unos 1.000 kilómetros al oeste de Ecuador, país al que pertenecen. Son de origen volcánico; su fauna y flora tienen mucho interés científico, y una buena parte de sus especies animales son únicas en el mundo.

Allí viven muchos animales que han desarrollado características especiales para adaptarse al medio ambiente. Así, existen diferencias entre animales de la misma especie de las Galápagos y del continente americano, e incluso entre animales de las distintas islas. Eso lo observó y lo analizó el famoso naturalista inglés Charles Darwin cuando visitó las islas en 1835. Varios años más tarde publicó *El origen de las especies*, obra en la que expone sus teorías de la evolución de las especies; en ella explica que los animales y las plantas evolucionan cuando se adaptan al ambiente en que se desarrollan.

Desde 1959 son parque nacional de Ecuador. Aquel año se creó también la Estación de Investigación Charles Darwin, donde trabajan científicos de diversos países. En 1979, la UNESCO las declaró Patrimonio Natural de la Humanidad.

En la actualidad, el turismo está regulado por leyes muy estrictas que tienen como objetivo la protección de la flora y la fauna. Una de ellas establece que todas las personas que visiten el parque nacional deben ir acompañadas por un guía.

Entre sus muchos animales característicos podemos destacar los leones marinos, la iguana marina y la tortuga gigante. Esta última, llamada también galápago, vive unos 150 años y llega a pesar 300 kilos. Una peculiaridad de los animales de las Galápagos es que no tienen miedo al hombre; por eso es posible tocarlos y nadar o caminar entre ellos.

ica Latina

b] Las palabras anteriores aparecen en
el artículo sobre las Islas Galápagos.
Utilízalas para expresar
la información que crees que
encontrarás en él.

c] Lee el texto y comprueba.

d] ¿Qué informaciones te han parecido
más interesantes? Habla de ellas con
tus compañeros.

9

Famosos

• Contar la vida de una persona

1 **a)** ¿Te acuerdas de alguno de los principales monumentos de Barcelona? ¿Sabes algo de la Sagrada Familia y del parque Güell?

La Sagrada Familia

El parque Güell

b) Los dos son obra del mismo artista. Aquí tienes su biografía; léela.

Antonio Gaudí nació cerca de Reus (Tarragona) en el año 1852. A los quince años publicó algunos dibujos en una revista escolar. En 1873 empezó los estudios de arquitectura en Barcelona y los terminó en 1878. Aquel mismo año, don Eusebio Güell, mecenas que más tarde le estimuló en su labor artística, descubrió algunos trabajos suyos en la Exposición Universal de París.

Era una persona muy religiosa, y en 1883 aceptó continuar las obras del templo de la Sagrada Familia, comenzadas dos años antes. En el año 1900 empezó el proyecto del parque Güell, y en 1904, el de la Casa Milà. Posteriormente rechazó otros encargos profesionales para dedicarse enteramente a la construcción del citado templo. El día 7 de junio de 1926 fue atropellado por un tranvía y murió tres días más tarde, sin haber terminado su obra más importante: la Sagrada Familia.

c) Ahora escribe cuatro preguntas sobre la vida de Gaudí y formúlaselas a tu compañero.

2 a] Lee el texto de nuevo y subraya las formas del pretérito indefinido.

b] Elige seis de esas formas y escribe tres frases verdaderas y tres frases falsas sobre lo que quieras.

Goya nació en Portugal. (FALSA)

c] Ahora pásaselas a tu compañero. ¿Sabe si son verdaderas o falsas?

3 Relaciona cada palabra o expresión con un dibujo. Puedes usar el diccionario o preguntar a tus compañeros o al profesor.

F • Casarse • Nacer A • Divorciarse H • Tener un hijo G • Conocer • Entrar en la universidad B
• Morirse K • Jubilarse • Empezar a trabajar • Volver a casarse • Licenciarse D

A. Nacer

1922/Buenos Aires — A
1940/Madrid — B
1943 — C
1945 — D
1946 — E
1948 — F

1951 — G
1959 — H
1965 — I
1987 — J
1991/Madrid — K

4 a]

> ### Pretérito indefinido
>
> Para contar la vida de una persona
>
> *Nació* en Antigua (Guatemala) en 1912.
>
> En 1932 *empezó* arquitectura y *terminó* en 1938.
>
> *Se casó* muy joven en 1935.
>
> *Murió* en Bogotá en 1986.

FÍJATE EN LA GRAMÁTICA

b] Ahora usa la información de los dibujos para escribir la biografía de Ernesto Echevarría.

■ Ernesto Echevarría nació en Buenos Aires en 1922. En 1940 entró en la Universidad de Madrid, donde estudió Ciencias Económicas...

5 a] Escucha esta entrevista de un programa de radio y haz una lista de los años que oigas.

b] Escucha de nuevo la entrevista y escribe qué hizo la persona entrevistada en cada año.

¡NO MIRES LA INFORMACIÓN DE B!

Alumno A

1. Lee esta ficha con información sobre la vida de Pepe Ferrer.

DATOS PERSONALES

¿Año?

¿Terminó los estudios?

¿Con quién?

¿Dónde?

Nombre:	Pepe Ferrer.
Nacimiento:	Valencia (.........).
Estudios:	Bachillerato (Valencia, 1959-1965). **Psicología** (Madrid, 1965-1967).
Estado civil:	**Casado** (Madrid, 1970).
Muerte:	**Accidente de tráfico** (1972).

OTROS DATOS DE INTERÉS

¿Qué drogas?

■ Padre músico.

■ Dos semanas en prisión por **consumo de drogas** (1971).

DATOS PROFESIONALES

¿Con otros cantantes?

¿Qué papel hizo?

¿Por qué países?

1968: Primer concierto (Vigo).

1969: Primer disco (*Aquí mismo*).

1970: Actuación en el Festival de Ibiza.

Intervención en la película *Águilas rosas*, de Juan Aguado.

1971: Segundo disco (*¿Qué más?*).

1972: Gira europea. Gran éxito.

2. Usa las pautas que hay a la izquierda de la ficha para pedir la información que te falta a tu compañero (está en negrita) y escribe las respuestas. Luego responde a sus preguntas.

3. Comprueba lo que has escrito con el artículo de tu compañero.

¡NO MIRES LA INFORMACIÓN DE A!

Alumno B

1. Lee este artículo sobre la vida de Pepe Ferrer.

HISTORIA DEL ROCK ESPAÑOL

Pepe Ferrer es uno de los músicos más interesantes de la historia del rock español. Nació en Valencia en el año 1948. Cuando **terminó el Bachillerato**, se trasladó a Madrid. En 1965 entró en la Universidad, pero dos años más tarde abandonó los **estudios**.

En 1968 dio su primer concierto y un año más tarde sacó su primer disco *(Aquí mismo)*. En 1970 **se casó** con la actriz Emma Muro y actuó en el Festival de Ibiza junto a Paco Riba, Jaime Tita, Frank Tappa y Félix Claxon.

Posteriormente **intervino en la película** *Águilas Rosas*, donde hizo el papel de hermano de la protagonista.

En 1971 sacó su segundo disco *(¿Qué más?)* y **estuvo en prisión** por consumir marihuana en público.

En 1972 **hizo una gira** por Italia, Francia, Holanda, Alemania y el Reino Unido. En noviembre de ese mismo año murió en un accidente de tráfico cerca de Barcelona.

Preguntas (a la izquierda del artículo):
- ¿Año?
- ¿Qué estudios?
- ¿Dónde?
- ¿Director?
- ¿Cuánto tiempo?
- ¿Qué tal la gira?

2. Responde a las preguntas de tu compañero. Luego usa las pautas que están a la izquierda de tu artículo para pedir información a tu compañero sobre lo que está en negrita. Escribe las respuestas.

3. Comprueba lo que has escrito con la ficha de tu compañero.

7 Dos grupos (A y B).

a) Lee individualmente la biografía que te corresponda y pregunta a los miembros de tu grupo o al profesor qué significan las palabras que no conozcas.

Este escritor y periodista latinoamericano nació en 1928 y vivió los ocho primeros años de su vida con sus abuelos. En 1947 empezó la carrera de Derecho para contentar a sus padres y empleó los años de sus estudios para leer mucha literatura de todas las épocas, sobre todo novelistas rusos e ingleses del siglo XIX, a quienes siempre ha admirado. Trabajó de periodista en su país y en la agencia de noticias cubana Prensa Latina, de la que fue uno de sus fundadores. En 1955 publicó su primera novela, y en 1967, su obra más famosa, *Cien años de soledad*. En 1982 ganó el Premio Nobel de literatura. También ha escrito guiones de cine y desde 1985 ha colaborado en la dirección de la Escuela Internacional de Cine de La Habana (Cuba), con el objetivo principal de formar cineastas latinoamericanos.

Es una persona muy imaginativa que trata la realidad de su país, Colombia, de manera fantástica, mágica y humorística. Además, siempre ha tenido un compromiso con los más pobres.

Grupo A

Grupo B

Nació en Málaga en 1881. A los catorce años se fue a vivir a Barcelona con su familia. En 1901 se trasladó a Madrid, donde fundó una revista. Se casó dos veces y tuvo varios hijos.

Era una persona muy humana y muy interesada por los problemas sociales y políticos. La guerra civil española fue motivo de una obra suya muy importante. En 1966 ganó el Premio Lenin de la Paz. Cuatro años más tarde cedió novecientas obras suyas a la ciudad de Barcelona.

De una gran capacidad de trabajo, realizó muchas obras en diferentes campos artísticos: cerámica, pintura y escultura. En 1972, la Universidad de París le nombró doctor *honoris causa*. Cuando cumplió noventa años, Francia, país en el que vivió desde 1904, le hizo un gran homenaje nacional. Murió en 1973 y es uno de los españoles más famosos de todos los tiempos.

b) Decide con los miembros de tu grupo a qué famoso corresponde la biografía que has leído.

c) Contad entre todos los miembros de tu grupo la vida de esa persona sin mirar el texto.

d) En parejas (un alumno de cada grupo). Cuéntale a tu compañero la biografía de tu grupo. ¿Sabe de qué famoso estás hablando?

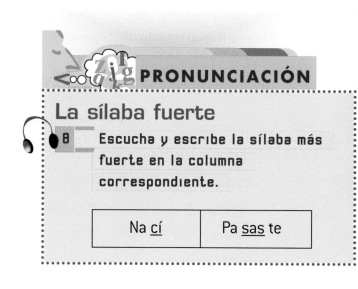

PRONUNCIACIÓN

La sílaba fuerte

8 Escucha y escribe la sílaba más fuerte en la columna correspondiente.

Na <u>cí</u>	Pa <u>sas</u> te

¿Lo tienes claro?

9 Habla con tu compañero del mejor año de tu vida. Dile cuál fue, por qué y qué otras cosas hiciste ese año.

10 Ahora, en grupos de cuatro, repartíos los siguientes papeles:

Alumno A:
Eres María Morales, famosa actriz norteamericana de origen mexicano que acaba de llegar a Madrid para presentar su última película.

Alumno B:
Eres el marido de María Morales y acompañas a tu mujer en su viaje a Madrid.

Alumnos C/D:
Sois periodistas y vais a entrevistar a María Morales, famosa actriz norteamericana, y a su marido en la sala de prensa del aeropuerto de Barajas.

a) Alumnos A/B: Reconstruid la vida de María Morales a partir de los datos biográficos. Pensad también en sus futuros proyectos.

Alumnos C/D: Leed estos datos biográficos y escribid las preguntas que vais a hacer en la rueda de prensa. No os olvidéis de preguntarles por sus futuros proyectos.

DATOS PERSONALES
NOMBRE: María Morales.
FAMILIA: Padre mexicano y madre norteamericana. Dos hermanos.
Casada dos veces. Un hijo.

DATOS PROFESIONALES
ESTUDIOS: Arte. Universidad Autónoma de México.
Doce películas.
Trabajó con prestigiosos directores.
Oscar a la mejor actriz por su interpretación en *Café y chocolate*.
Colaboración en dos obras de teatro.
Videoclip *Salvemos la Amazonia*.

b) Haced la entrevista. Podéis grabarla.

SIMÓN BOLÍVAR

1 a) Comenta con tus compañeros las respuestas a estas preguntas.

- ¿Has pensado alguna vez que podrían existir los Estados Unidos de América del Sur, una confederación de todas las naciones hispanoamericanas?
- ¿Crees que a lo largo de la historia ha habido personas que han intentado conseguir esa unión de naciones?

b) Lee y comprueba. Puedes usar el diccionario.

SIMÓN BOLÍVAR, "el libertador", es el personaje más importante en la historia de la independencia de los países latinoamericanos. Nació en Caracas en 1783, estudió en Venezuela y Europa, y posteriormente ingresó en el ejército. Su ideal fue la liberación de las colonias españolas y unirlas en una gran nación. Después de obtener varias victorias ante los españoles, liberó los territorios que actualmente corresponden a Colombia, Ecuador, Panamá y Venezuela. Con ellos formó la República de la Gran Colombia y fue nombrado su presidente. En 1824, colaboró en la liberación de Perú y un año más tarde también fue nombrado presidente de Bolivia.

Pero su proyecto de unión de las repúblicas hispanoamericanas tuvo unas dificultades que no pudieron ser superadas. Las diferencias ideológicas los problemas locales y la crisis económica fueron algunas de ellas. La consecuencias no tardaron en llegar: en 1827 tuvo que renunciar a la presidencia de Perú, y en 1828 fue proclamado dictador para intentar evitar la división de la Gran Colombia, hecho que se produjo poco después.

c) Lee de nuevo y responde a estas preguntas:

- ¿Por qué se llama "el libertador" a Simón Bolívar?
- ¿Qué países formaron la República de la Gran Colombia?
- ¿Cuál fue el ideal de Bolívar?
- ¿Puedes mencionar alguno de los problemas que hicieron fracasar su proyecto?

ica Latina

d) ¿Qué informaciones del artículo te parecen más interesantes? Coméntalas con tus compañeros.

COMUNICACIÓN

Contar la vida de una persona
- Simón Bolívar nació en Caracas en el año 1783.
- Estudió en Venezuela y Europa.
- En 1824 colaboró en la liberación de Perú.

GRAMÁTICA

Pretérito indefinido
- Verbos regulares
  (Ver resumen gramatical, apartado 3.2.1)
- Verbos irregulares

  Tener

  tuve
  tuviste
  tuvo
  tuvimos
  tuvisteis
  tuvieron

  (Ver resumen gramatical, apartado 3.2.2.2)

  Dormir

  dormí
  dormiste
  durmió
  dormimos
  dormisteis
  durmieron

  (Ver resumen gramatical, apartado 3.2.2.3)

Permiso y favores

O B J E T I V O S

• Pedir permiso. Conceder o denegar el permiso

• Pedir un favor y responder afirmativa o negativamente

• Preguntar si está permitido hacer algo en un sitio

• Pedir cosas y responder afirmativa o negativamente

• Pedir cosas prestadas y responder afirmativa o negativamente

1 **a)** Observa y lee.

b) Responde a las preguntas.

■ ¿En qué diálogos se pide permiso para hacer algo?

■ ¿En cuáles se pide un favor a otra persona?

Imperativo afirmativo

FÍJATE EN LA GRAMÁTICA

Cuando concedemos permiso, podemos usar el imperativo.

- Verbos con imperativo regular:

	-AR	-ER	-IR
	Pasar	Coger	Abrir
Tú	pasa	coge	abre
Usted	pase	coja	abra

- Hay verbos que en imperativo tienen la misma irregularidad que en presente de indicativo:

	Cerrar	Encender	Volver	Pedir
Tú	cierra	enciende	vuelve	pide
Usted	cierre	encienda	vuelva	pida

- Otros verbos con imperativo irregular:

	Poner	Venir	Ir	Hacer	Decir	Tener	Salir
Tú	pon	ven	ve	haz	di	ten	sal
Usted	ponga	venga	vaya	haga	diga	tenga	salga

Imperativo afirmativo + pronombres de objeto directo lo, la, los, las

- ¿Puedo coger el lápiz?
- Sí, sí. Cógelo.

- ¿Puedo abrir la puerta?
- Sí, claro. Ábrela.

- ¿Puedo cerrar las ventanas?
- Sí, sí. Ciérralas.

- ¿Puedo hacer los ejercicios ahora?
- Sí, claro. Hazlos.

2 **a)** Lee las frases del 1 al 6.

1. ¿Puedo encender la luz?
Es que no se ve casi nada.
2. Tengo que hablar con unos amigos.
¿Puedo hacer un par de llamadas?
3. Perdona, ¿puedo coger un cigarrillo?
4. Ángel, ¿puedo tirar estos periódicos a la basura?
5. ¿Puedes traerme el diccionario de inglés?
6. Casi no se oye, ¿verdad?
¿Puedo subir el volumen?

A. Es que no sé dónde está.

B. A ver... sí, sí, tíralos.

C. Sí, claro. Súbelo.

D. Sí, claro. Hazlas, hazlas.

E. Lo siento, pero es que solo me queda uno.

F. Sí, sí. Enciéndela.

b) Relaciona las preguntas con las respuestas.

 c) Escucha y comprueba.

PRONUNCIACIÓN

Entonación

3 Escucha y repite.

- ¿Puedo abrir la ventana?
- Sí, sí. Ábrela.

- ¿Puedo cerrar la puerta?
- Sí, sí. Ciérrala.

- ¿Puedo encender la radio?
- Sí, sí. Enciéndela.

- ¿Puedo pasar?
- Sí, sí. Pasa, pasa.

- ¿Puedo coger el periódico?
- Sí, sí. Cógelo.

- ¿Puedo poner música?
- Sí, sí. Ponla.

- ¿Puedo llamar por teléfono?
- Sí, sí. Llama, llama.

4 a] Escucha los diálogos y marca la columna correspondiente.

	Pide permiso	Pide un favor
1		X
2		
3		
4		
5		

b] Escucha de nuevo y señala si las respuestas son afirmativas o negativas.

5 Ahora vosotros. En parejas.

Alumno A

Te vas de vacaciones y le pides unos favores a tu mejor amigo/a:

• Llevarte al aeropuerto.
• Dar de comer al perro.
• Sacarlo a pasear.
• Regar las plantas.
• Ir a recogerte al aeropuerto.

Si te pide permiso para hacer algunas cosas, decide si se lo concedes o no. Dile en cada caso por qué.

Alumno B

Tu mejor amigo/a se va de vacaciones la semana que viene y te va a pedir unos favores. Tú se los vas a hacer, claro. Luego, le pides permiso para hacer otras cosas:

• Usar su ordenador.
• Llevar amigos a su casa.
• Coger su bicicleta.
• Organizar una fiesta en su casa.

Explícale por qué.

6 **a)** Observa y lee.

b) Mira estas señales y carteles, y di dónde puedes encontrarlos.

c) Escribe qué se puede o no se puede hacer en cada caso. Puedes usar el diccionario si lo necesitas.

1. Se puede pagar con tarjeta de crédito.

Normas en clase

7 **a)** Habla con tu compañero y haced una lista de cosas que se pueden hacer y otra de cosas que no se pueden hacer en la clase de español.

b) Ahora decídselo a la clase. ¿Qué cosas están en todas las listas? Escribidlas en un cartel grande y ponedlo en una pared de la clase.

En clase de español	
SE PUEDE...	NO SE PUEDE...
... hablar español	... fumar

8 En grupos de cuatro. Piensa en un lugar público y en lo que se puede y no se puede hacer allí. Tus compañeros te van a hacer preguntas para descubrir qué sitio es. Tú sólo puedes contestar «sí» o «no».

- ¿Se puede fumar?
- No.

9 Escucha y lee.

- ¿Me das tu dirección?
- Avenida de...
- ¿Tienes un bolígrafo?
- No. Lo siento. ¡Ah!, mira, este chico tiene uno.
- Oye, perdona, ¿me dejas el bolígrafo un momento?
- Sí, toma.
- Gracias.

10 **a)** ¿Qué dices para pedir estas cosas? Escríbelo en la columna correspondiente.

- Un cigarro
- Fuego
- Un poco de sal
- 50 euros
- El periódico
- Tu cazadora
- Un vaso de agua
- Un chicle
- El último disco de Gabinete Caligari
- Una aspirina
- Tu cámara

¿Me das...?	¿Me dejas...?
un cigarro	50 euros

b) En parejas. Piensa qué cuatro cosas quieres pedirle a tu compañero y pídeselas. Si él te pide algo, decide si se lo das o se lo dejas; en caso negativo, dile por qué.

- ○ ¿Me das un cigarro?
- ○ Sí, toma. / ○ Es que no me quedan. Lo siento.

11 Ahora vosotros.

a)

Es lunes. Esta mañana te has levantado tarde, has salido de casa corriendo y te has olvidado algunas de las cosas que traes normalmente a clase. Haz una lista de cinco cosas que no has traído.

No he traído mis libros

b)

Durante la mañana necesitas algunas de esas cosas. Pídeselas a tus compañeros. Si alguno de ellos te pide algo, dáselo o déjaselo; en caso negativo, no olvides decirle por qué.

¿Me dejas tu libro?

¿Lo tienes claro?

Lenguaje de clase

12 **a)** Lee estas frases.

¿Puedo irme diez minutos antes? Es que tengo que...

¿*Parecido* y *similar* significan lo mismo?

No escribáis ahora, ya lo escribiréis después. Ahora escuchad.

¿Qué tenemos que hacer para mañana?

Ahora vamos a escuchar una cinta.

¿Se puede decir «tengo ganas de tomar algo»?

¿Podemos copiarlo ahora?

Para mañana vais a hacer una redac-ción sobre...

¿Ya está?

No me acuerdo.

¿Qué significa *estar harto*?

b) En parejas. Decidid quién las dice normalmente en clase (¿el alumno, el profesor o ambos?) y en qué momento de la clase. Luego, comentadlas con vuestros compañeros.

c) Piensa en otras frases que dice tu profesor a menudo y díselas a la clase.

d) Comenta con tus compañeros las frases que dices frecuentemente en clase y fuera de clase. Explícaselas si no saben lo que significan.

EL MUSEO DEL ORO

1 a] Lee este texto sobre el Museo del Oro de Bogotá. Puedes usar el diccionario.

El Museo del Oro del Banco de la República fue creado en 1939 en Bogotá para evitar la destrucción o la salida al extranjero de los objetos prehispánicos que permanecían en Colombia sin ser valorados en su justa medida. Esas piezas tenían un gran interés arqueológico que no era apreciado por la gente.

El oro tenía un sentido religioso para los indígenas. La elaboración de objetos con este material comenzó en esa zona hace más de 2.000 años y una buena parte de ellos eran utilizados para el adorno personal. Las obras del museo evidencian el alto nivel artístico de sus autores.

En 1946, el museo inició la colección de piezas de cerámica precolombinas. En la década de los sesenta logró un gran prestigio artístico y cultural, y ya era el primero de su género en el mundo. Actualmente tiene más de 34.000 obras de orfebrería, 13.000 de cerámica y varios miles de piezas de otros materiales representativas de antiguas culturas prehispánicas. Además, realiza un activo programa de exposiciones nacionales e internacionales que difunden la diversidad y la riqueza cultural de Colombia.

b] Escribe algunas preguntas sobre el texto y formúlaselas a tu compañero.

ica Latina

a panorámica zona norte de Santafé de Bogotá (Colombia)

c) ¿Qué informaciones te parecen más interesantes? Coméntalas con tus compañeros.

d) ¿Conoces tú algún museo de otro tipo de objetos? En caso afirmativo, descríbeselo a la clase.

RECUERDA

COMUNICACIÓN

Pedir permiso y concederlo o denegarlo

Informal: ☐ ¡Qué calor tengo! ¿Puedo abrir la ventana?
○ Sí, claro. Ábrela, ábrela.

Formal: ○ Sí, claro. Ábrala, ábrala. / (Lo siento, pero) Es que yo tengo frío.

Pedir un favor y responder afirmativa o negativamente

☐ ¿Puede/s traerme el diccionario, por favor?
○ Sí, claro. / (Lo siento, pero) Es que no sé dónde está. / (Perdone/a, pero) Es que ahora no puedo.

Preguntar si está permitido hacer algo en un sitio

○ ¿Se puede fumar aquí?

Pedir cosas y responder afirmativa o negativamente

Informal	Formal
☐ ¿Me das fuego?	☐ ¿Me da fuego?
○ Sí, toma.	○ Sí, tome.
○ (Es que) No fumo.	○ (Es que) No tengo.
○ Lo siento.	○ Lo siento.

Pedir cosas prestadas y responder afirmativa o negativamente

Informal	Formal
☐ ¿Me dejas tu libro?	☐ ¿Me deja su libro?
○ Sí, toma. / Sí, cógelo.	○ Sí, tome. / Sí, cójalo.
○ Es que lo necesito. Lo siento.	

GRAMÁTICA

Imperativo afirmativo

(Ver resumen gramatical, apartado 3.5)

Imperativo afirmativo + pronombres de objeto directo

• *Ciérrala.*

(Ver resumen gramatical, apartados 3.5 y 4)

1 *a)* Escribe el contrario de cada una de estas palabras.

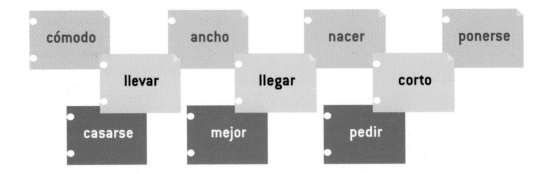

cómodo ancho nacer ponerse

llevar llegar corto

casarse mejor pedir

b) Ahora escribe una frase con las que te parezcan más difíciles.

c) Intercámbialas con un compañero y corrige las suyas.

2 *a)* Piensa en los tiempos verbales que has estudiado en las lecciones 6-10 y anota las formas verbales con las que tengas más dificultades.

b) En parejas. Díselas, por turnos, a tu compañero para que haga una frase o un minidiálogo con cada una de ellas. Si lo hace correctamente, obtiene un punto. Gana el que consiga más puntos.

3 *a)* Piensa en alguna excursión que hiciste y te gustó mucho (si no te acuerdas de ninguna, imagínate una). Luego rellena la ficha.

Destino: ....

Medio de transporte: ....

Duración del viaje: ....

Monumentos/lugares visitados: ....

Compras/recuerdos: ....

Otras actividades: ....

Lo que más te gustó: ....

b) En grupos de tres. Hazles preguntas a tus compañeros sobre sus excursiones para decidir cuál de ellas te gustaría hacer.

4 **a)** Observa la imagen y escribe frases con informaciones verdaderas o falsas sobre lo que están haciendo esas personas.

■ *El niño rubio está...*

b) Díselas a tu compañero para que confirme si son verdaderas o falsas.

c) Imagínate que eres una de las personas de la imagen, pero no le digas quién a tu compañero; él debe adivinarlo.

○ *¿Estás leyendo el periódico?*
◉ *No.*
○ *¿Estás...?*

5 **a)** Escucha este concurso de radio y escribe las cuatro preguntas que hay que acertar.

b) Escucha de nuevo y escribe las respuestas de la concursante.

6 **a)** En parejas. Escribid una biografía de vuestro profesor con la información que tengáis de él. Podéis añadir otros datos que creáis que son verdad.

b) Dádsela al profesor para que os diga qué cosas de las que habéis escrito son verdaderas y cuáles son falsas. Aprovechad para preguntarle todo lo que queráis saber sobre su vida.

c) Reconstruid entre todos su biografía.

7 BLA, BLA, BLA...

En grupos de cuatro. Juega con un dado y una ficha de color diferente a la de tus compañeros.

14 TIRA DOS VECES

15 Dos cosas que todavía no has hecho hoy.

16 Un lugar ideal para pasar las vacaciones.

13 Tu comida preferida.

17 Explica una palabra difícil a tus compañeros.

SALIDA

12 Tus planes para el próximo fin de semana.

18 Un regalo que te gustó mucho.

1 Una profesión que no te gusta.

11 Lo que piensas del dinero.

19 ¿Qué acabas de hacer?

2 Cuatro cosas que has hecho hoy.

10 Un juego que te gusta.

20 Algo que no se puede hacer en clase.

3 Una palabra en español que te gusta mucho.

9 Cinco cosas que hiciste anteayer.

21 DOS TURNOS SIN JUGAR

4 TIRA OTRA VEZ

8 Pide una cosa a un compañero.

22 Cinco palabras que empiezan por c.

5 Algo que hiciste el año pasado.

6 Una de las últimas palabras que has aprendido.

7 UN TURNO SIN JUGAR

23 Un concierto que te gustó mucho.

24 Un país que conoces y que gustaría visit ¿Por qué?

INSTRUCCIONES

1. Por turnos. Tira el dado y avanza el número de casillas que indique.

2. Habla del tema de la casilla en la que caigas. Puedes decir todo lo que quieras.

| 32 Pide un favor a un compañero. | 33 La ropa que te gusta. | 34 Una palabra difícil de recordar. | | 50 Un libro que te gustó mucho. | 51 Tu opinión sobre este juego. | 52 Una palabra en español que no te gusta nada. |

32 Pide un favor a un compañero.

33 La ropa que te gusta.

34 Una palabra difícil de recordar.

35 DOS TURNOS SIN JUGAR

36 ¿Qué prefieres: el campo o la ciudad?

37 Algo que tienes que hacer y no te gusta.

38 Tus mejores vacaciones.

39 Un famoso de tu país.

40 Tu opinión sobre la lengua española.

41 Deletrea una palabra muy larga.

42 TIRA OTRA VEZ

31 Una ciudad donde no te gustaría vivir.

30 Dos palabras que terminan en *n*.

29 Algo que hay que hacer en clase.

28 TIRA OTRA VEZ

27 Una fecha importante para ti.

26 El último fin de semana.

25 Di los meses del año.

50 Un libro que te gustó mucho.

51 Tu opinión sobre este juego.

52 Una palabra en español que no te gusta nada.

49 UN TURNO SIN JUGAR

53 ¿Crees que has aprendido mucho español en este curso?

48 Una palabra difícil de pronunciar.

54 El profesor ideal.

47 Pide una cosa prestada a un compañero.

55 Tu último viaje.

46 Seis cosas que puedes comprar en un supermercado.

LLEGADA

45 El mejor día de tu vida.

44 Tus planes para el próximo verano.

43 Una película que te gustó mucho.

3. Si no dices nada, retrocede a la casilla donde estabas antes de tirar.

4. ¡Atención a las casillas verdes y rojas!

Preparación de la tarea

a) En grupos de cuatro. Lee la biografía de este personaje famoso y averigua con tus compañeros el significado de las palabras que no conozcas.

LA BIOGRAFÍA DE...

Nació en Londres en 1889. Hijo de actores de *music-hall*, su padre murió totalmente alcoholizado en 1894. Ese mismo año actúo por primera vez en el teatro. Como su familia era muy pobre, su hermano y él tenían que actuar en la calle para ganar algo de dinero. Después, cuando su madre se volvió loca, fue internada en un manicomio y ellos entraron en un orfanato.

En 1910 empezó a trabajar en una compañía de niños bailarines. Más tarde entró en la compañía donde trabajaba su hermano, con la que fue a Estados Unidos.

En 1913 trabajó por primera vez en el cine: tuvo que sustituir a un actor. A partir de ese momento colaboró con varias productoras americanas e intervino en muchas películas como actor y director.

Hizo muchas veces el mismo papel. En la primera ceremonia de los Oscar (1928) ganó un premio especial por sus muchas y variadas cualidades. Cuarenta y cuatro años más tarde obtuvo otro Oscar.

Se casó cuatro veces y murió en 1977 en un país europeo.

b) Decide con ellos a qué famoso corresponde la biografía; si no lo sabéis, pedidle alguna pista al profesor.

c) Comenta con la clase las informaciones que más te sorprendan.

en marcha

1 *Escribe* en casa la biografía de un famoso al que conozcan tus compañeros, pero no menciones su nombre. Puedes consultar enciclopedias, el diccionario, etcétera.

2 *Entrégasela* al profesor, que se la dará a otro estudiante para que adivine quién es el personaje. Si lo necesita dale alguna pista.

3 *Colócala* en una pared del aula para que la puedan ver los demás compañeros.

OBJETIVOS

- Expresar preferencias
- Hacer comparaciones
- Pedir y dar información sobre los medios de transporte
- Hablar del tiempo atmosférico

De viaje

1 Observa este billete con atención. Luego lee las frases y marca la columna correspondiente.

	Sí	No	No se sabe
Es un billete de ida y vuelta.			
Es para el día 17 de diciembre de 2001.			
Es un billete de Iberia.			
Este billete cuesta 53,20 euros.			
El vuelo 758 sale de Madrid a las 7.40.			
El viaje de Madrid a Zaragoza dura una hora.			
Es un billete sin reserva.			

2 a) ¿Qué es para ti lo más importante cuando viajas? Escribe estas palabras por orden de importancia:

- La rapidez
- La seguridad
- La comodidad
- El clima
- El precio
- La puntualidad

¿Puedes añadir alguna más?

b] En parejas. Escribid un adjetivo relacionado con cada una de esas palabras y su contrario. Podéis consultar el diccionario.

rapidez → rápido/a ≠ lento/a

c] ¿Con qué transportes asocias cada uno de esos adjetivos?

rápido → avión

PRONUNCIACIÓN

La sílaba fuerte

3 a] Escucha estas palabras y marca la sílaba más fuerte.

b] Selecciona las palabras de esta lección más difíciles de pronunciar y practícalas. Díselas al profesor para que te ayude si lo necesitas.

4 Comenta con tu compañero qué medio de transporte prefieres en cada caso y por qué. Luego pregúntale a él.

1. Para ir a otra ciudad, ¿prefieres el tren o el autobús?

2. Para ir a un país cercano, ¿prefieres el tren o el avión?

3. Para distancias cortas en el campo, ¿prefieres el coche o la bicicleta?

4. Para ir a otro continente, ¿prefieres el avión o el barco?

5. Para moverte por la ciudad, ¿prefieres el metro o el autobús?

1. ○ Yo prefiero el tren porque es más cómodo que el autobús. ¿Y tú?
   ○ Yo también prefiero el tren por lo mismo.
   ○ Yo también prefiero el tren porque es más seguro.
   ○ Pues yo prefiero el autobús porque es más rápido que el tren.
   ○ Pues a mí me da igual.

En una estación de tren

5 Escucha y lee. Luego responde a estas preguntas.

- ¿Adónde va la chica?
- ¿En qué medio de transporte?
- ¿Qué le ha pasado?

- Buenas. Un billete para el Talgo de Bilbao.
- Acaba de salir.
- ¿Que acaba de salir?
- Sí, ha salido hace cinco minutos.
- ¿Y qué otros trenes hay?
- Hay uno a las 21.20 y otro a las 23.40.
- ¿A qué hora llega el de las 21.20?
- A las 6.35.
- ¿Lleva literas?
- Sí.
- Pues deme un billete con litera.

6 **a)** Observa este horario de autobuses y responde a las preguntas.

- ¿Cuántos autobuses hay para León?
- ¿A qué hora llega el último a León?
- ¿Cuántos salen de Madrid por la mañana?
- ¿Cuánto dura el viaje de Valladolid a Palencia?
- ¿Para algún autobús en Astorga?
- ¿A qué hora sale el primero que va a Valladolid por autopista?

EMPRESA
FERNÁNDEZ-RES, S.A.
LEÓN

HORARIOS de los Servicios de: LEÓN, VALLADOLID, ASTORGA y PALENCIA con MADRID

—— DOMINGOS Y FESTIVOS ——

	Madrid	Valladolid	Astorga	Palencia	León
SALIDAS DE MADRID	9.00	11.30 *	—.—	12.30	—.—
	10.00 (4)	—.—	—.—	—.—	—.—
	10.00	12.30 *	—.—	—.—	14.00
	10.30 (3)	13.00	—.—	—.—	14.30
	15.00 (3)	17.30	—.—	—.—	—.—
	16.00 (4)	—.—	—.—	—.—	—.—
	16.00	18.30 *	—.—	—.—	20.00
	19.00	21.30 *	—.—	19.30	—.—
	20.00	22.30 *	—.—	—.—	23.30
	21.00 (3)	23.30 *	—.—	23.30	—.—
	23.00	1.30 *	—.—	—.—	—.—
	24.00	2.30 *	—.—	2.30	—.—
					4.30

(*) No se despachan billetes con antelación
(3) Directo por Autopista
(4) Servicio Preferente

b) ¿Tenéis buena memoria? En parejas. Uno de los dos cierra el libro y el otro le hace preguntas sobre la información del horario.

7 Escucha esta conversación y completa el cuadro.

¿Adónde quiere ir?	
¿A qué hora llega el tren de las 10.20?	
¿Y el de las 11.10?	
¿Para qué tren es el billete que compra?	

8 Ahora vosotros. En parejas.

Alumno A

Son las 2.45 y estás en la estación de Córdoba. Quieres comprar un billete para llegar a Málaga antes de las 8.30, pero no sabes qué trenes hay para ir a esa ciudad.

Alumno B

Eres un empleado de Renfe y trabajas en la estación de Córdoba. Atiende al alumno A y consulta este horario si lo necesitas. Luego véndele un billete si te lo pide.

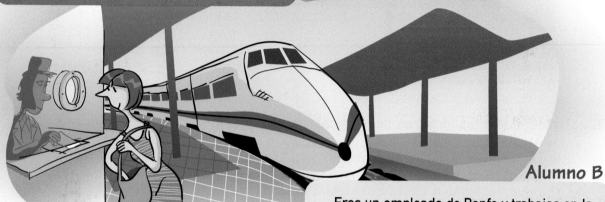

Córdoba		7.50	16.15	19.08	4.01	5.10	3.01
Montilla			16.53		4.43		3.43
Aguilar de la Frontera			17.00		4.53		
Puente Genil		8.44	17.16	19.53	5.16	6.06	4.04
Casariche			17.26				
La Roda de Andalucía			17.35		5.41		
Bobadilla	○	9.17	17.50	20.21	6.05	6.41	4.35
Bobadilla							4.53
Ronda							6.17
San Roque-La Línea							8.04
Algeciras	○						8.25
Bobadilla		9.21	17.51	20.22	6.10	6.46	■
Alora		9.53	18.28		6.51		
Málaga	○	10.30	19.00	21.20	7.40	8.00	

④ Costa del Sol.
⑤ Estrella del Estrecho.

El tiempo

9 Lee las palabras y expresiones de la lista y relaciónalas con las fotos. Puedes usar el diccionario.

1

Hace calor
Hace frío
Hace sol
Hace viento
Hace buen tiempo
Hace mal tiempo
Llueve
Nieva
Está nublado
Hay niebla

2

4

3
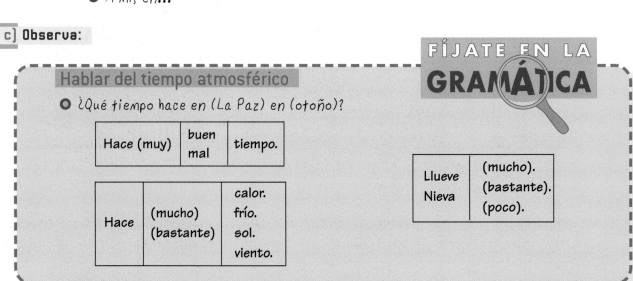

10 a] ¿Entiendes los nombres de las cuatro estaciones.

- La primavera
- El verano
- El otoño
- El invierno

b] ¿En qué estación o estaciones del año te hacen pensar las fotos de la actividad 9? Díselo a tus compañeros.

○ A mí, el dibujo número 1 me hace pensar en...
　　○ A mí también...
　　○ A mí, en...

c] Observa:

FÍJATE EN LA GRAMÁTICA

Hablar del tiempo atmosférico

○ ¿Qué tiempo hace en (La Paz) en (otoño)?

Hace (muy)	buen mal	tiempo.

Hace	(mucho) (bastante)	calor. frío. sol. viento.

Llueve Nieva	(mucho). (bastante). (poco).

¿Lo tienes claro?

11 **a)** Piensa en una ciudad o en un lugar que tiene un clima que te gusta mucho.

b) En grupos de tres. Describe el clima a tus compañeros y dales también alguna información sobre esa ciudad o ese lugar (país, situación, habitantes, por qué es famosa...). ¿Saben cuál es?

En primavera hace...
En otoño...

12 Un amigo extranjero que has conocido en otro país va a venir a tu casa a pasar una semana contigo. Escríbele e infórmale del clima de tu pueblo (o tu ciudad), y dile qué ropa puede traer.

TRIANA

1 Escucha los sonidos del comienzo de esta canción. ¿Qué te sugieren? Piensa en:

- Un lugar
- Una hora
- El tiempo que hace
- Una estación del año
- Un mes

Escríbelo y luego díselo a tus compañeros.

2 Ahora escucha toda la canción y lee.

Todo es de color
todo es de color
todo es de color
todo es de color
¡Qué bonita es la primavera!
¡Qué bonita es la primavera cuando llega!
El clavel que tienes en tu ventana
me hace recordar al barrio de Triana.

TRIANA: *Todo es de color*

3 Señala la respuesta que creas adecuada.

- Un clavel es...
  - ○ un animal
  - ○ una flor

- El barrio de Triana está en...
  - ○ Barcelona
  - ○ Sevilla

ica Latina

COMUNICACIÓN

Expresar preferencias y hacer comparaciones
- ☐ ¿Qué prefieres: el tren o el autobús?
- ○ (Prefiero) El tren, porque es más cómodo.

Pedir y dar información sobre medios de transporte
- ☐ ¿(Me puede decir) Qué trenes hay para Málaga?
- ○ Hay uno dentro de un cuarto de hora y otro a las 23.10 h.
- ☐ ¿A qué hora llega el de las 23.10 h?
- ○ A las 5.45 h.
- ☐ ¿Lleva literas?
- ○ Sí.

Hablar del tiempo atmosférico
- ☐ ¿Qué tiempo hace en Zaragoza en verano?
- ○ Hace mucho calor y llueve muy poco.

GRAMÁTICA

Presente de indicativo. Verbos irregulares:

llover	nevar
llueve	nieva

Adverbios de cantidad
muy, mucho, bastante, poco
(Ver resumen gramatical, apartado 9)

Muy / mucho
- ■ *Muy* + adjetivo
  - Hace muy buen tiempo.
- ■ Muy + adverbio
  - Muy bien.
- ■ *Mucho/a/os/as* + sustantivo
  - Aquí hace mucho frío.
- ■ Verbo + *mucho*
  - En Galicia llueve mucho.
  - (Ver resumen gramatical, apartado 10).

---

4 **Comenta con tus compañeros:**

- ▪ ¿Cuáles son la estación y el mes del año que más te gustan? ¿Por qué?
- ▪ ¿Y los que menos? ¿Por qué?

¿Qué tal el fin de semana?

- Hablar del pasado: expresar lo que hicimos el fin de semana pasado

- Valorar actividades y hechos pasados

1 a) Averigua el significado de las palabras que no entiendas.

un dia a fiesta - bank holiday

- Fiesta
- Excursión
- Obra de teatro *play*
- Inauguración *exhibition*

- Reunión de trabajo *meeting*
- Conferencia
- Entrevista *interview*
- Exposición

- Concierto
- Partido de fútbol
- Navegar por Internet
- Vídeo *surf*

- Película
- Siesta

b) ¿Cuáles asocias con el fin de semana?

c) ¿Hay alguna otra cosa que haces los fines de semana y no sabes cómo se dice en español?

 **PRONUNCIACIÓN**

La sílaba fuerte

2 a) Escucha estas palabras y escríbelas en la columna correspondiente.

☐ ■ ☐ ☐	☐ ☐ ☐ ■ ☐	☐ ☐ ■	■ ☐	☐ ☐ ☐	☐ ☐ ☐ ☐ ☐ ■ ☐	■ ☐ ☐
pe lí cu la	en tre vis ta	na ve gar	fút bol	te a tro	i nau gu ra ción	ví de o

b) Escucha y comprueba.

c) Escucha y repite.

3 **a)** **Lee el diálogo. ¿Lo entiendes?**

Señora ● ¿Y qué tal el fin de semana?

Chica ● Genial. El sábado por la noche estuve en una fiesta de cumpleaños y me lo
pasé estupendamente. Fue una fiesta divertidísima, y me divertí y me reí muchísimo.

Chico ● ¡Qué bien! Pues yo pasé el fin de semana en la sierra con mi familia y no hice
nada especial: di varios paseos, leí bastante... ¡ah!, y dormí y descansé mucho.

Señora ● Yo el sábado por la noche me quedé en casa viendo la televisión, pero el domingo
fui a un concierto de música clásica que estuvo muy bien y me gustó mucho.

to rest

b) **¿Verdadero o falso? Márcalo.**

Me lo pasé muy bien

	V	F
1. La chica estuvo en una fiesta muy divertida.	✓	
2. Se lo pasó muy bien.	✓	
3. El chico tuvo un fin de semana tranquilo.	✓	✓
4. Se divirtió mucho con su familia.		✓
5. La señora leyó bastante el sábado por la noche.		✓
6. Durmió poco el sábado por la noche.		✓

c) **Sustituye las frases falsas por otras verdaderas.**

d) **En grupos de tres. Practicad el diálogo de a).**

4 **a)** Lee de nuevo las frases de 3 b) y di cuáles de los verbos incluidos en ellas son irregulares solo en la tercera persona. ¿Puedes explicar por qué?

b) Todos estos verbos son también irregulares en la tercera persona del pretérito indefinido. Piensa en la irregularidad de cada uno y anótalo en la columna correspondiente.

sentir	oír	pedir	morir	repetir	creer
seguir	construir	servir	preferir	elegir	

e → i	y	o → u
sentir		

c) Observa:

Pretérito indefinido

REÍRSE

me reí
te reíste
se rió
nos reímos
os reísteis
se rieron

FÍJATE EN LA GRAMÁTICA

5 **a)** Completa este cartón de bingo con formas irregulares de pretérito indefinido de verbos que han aparecido en esta lección.

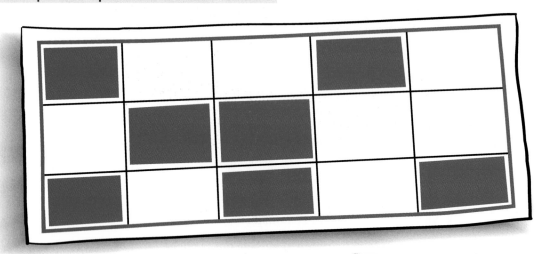

b) Vas a escuchar el infinitivo de los verbos tratados en la lección. Marca las formas (escritas en a) que correspondan a los verbos que oigas. Si completas el cartón, di «¡Bingo!»

c) Si has cantado bingo, di en voz alta las formas que has marcado y los infinitivos correspondientes.

6 a) ¿Conoces otros verbos irregulares en pretérito indefinido? Escríbelos.

poder - pude

b) Compáralos con los de tus compañeros y anota los que no conocías (o no recordabas) y te parezcan útiles.

7 a) Piensa qué hiciste el pasado domingo por la tarde.

(Quedé con un amigo y fui al cine con él...)

b) En grupos de cinco. Averigua qué hicieron tus compañeros.

c) Comentad al resto de compañeros cuáles fueron las actividades más realizadas en vuestro grupo, tomad nota de lo que os digan ellos y decidid cuáles fueron las actividades más realizadas por la clase.

(Dos personas de nuestro grupo quedaron con amigos y fueron al cine).
Las actividades más realizadas el pasado domingo por la tarde fueron: (quedar con amigos)...

Valoración de actividades y hechos pasados

8 **a)** **Lee el diálogo. ¿La valoración que hace el chico es positiva o negativa?**

Chica ◉ ¿Qué tal la conferencia
del viernes?

Chico ◉ Horrible. Fue una conferencia
pesadísima y muy aburrida.
Un rollo.

Chica ◉ ¡Vaya! ¡Qué mala suerte!

b) **¿Cuáles de estos adjetivos utilizados para valorar tienen sentido negativo?**

• Interesante	• Horroroso	• Bueno	• Malo
• Estupendo	• Pesado	• Divertido	• Aburrido

c) **¿Te has fijado en cómo se expresa *muy pesada* en el diálogo? ¿Cómo se ha formado esa palabra?**

d) **Ahora escribe tú la forma superlativa de estos adjetivos:**

Interesante - *interesantísimo*   Malo
Bueno   Aburrido
Divertido

9 **a)** **Completa las frases con estos verbos en el tiempo y la persona apropiados.**

ser   estar

gustar   aburrirse

pasárselo   encantar

1. El viernes estuve en un concierto malísimo; no me .... nada.
2. La conferencia del otro día .... buenísima.
3. El sábado vi un partido de fútbol que .... muy bien.
4. Anoche estuve en una fiesta y me lo .... estupendamente.
5. Ayer cené con una gente muy seria y me .... mucho. Fue un rollo.
6. El otro día vi una película que me ....; me pareció interesantísima.

b) **¿Te identificas con alguna de esas informaciones? Díselo a tu compañero.**

Yo también (vi el otro día una película que)...

10 **a)** **Escribe otras frases expresando y valorando actividades o hechos que realizaste la semana pasada.**

b) **Compáralas con las de tu compañero. ¿Hay alguna coincidencia? En caso afirmativo, decídselo a la clase.**

¿Lo tienes claro?

11 **a)** Escucha estos diálogos y completa la columna "¿Qué hizo?".

		¿Cuándo?	¿Qué hizo?	¿Qué tal?
1	Ella			
	Él			
2	Ella			
	Él			

b) Escucha de nuevo y completa las otras columnas.

12 **a)** Averigua qué hizo tu compañero el sábado por la tarde y por la noche, y qué tal se lo pasó.

○ ¿Qué hiciste el sábado por la tarde?

○ ...

b) En grupos de cuatro. Cuéntaselo a tus compañeros y decidid entre todos quién pasó la mejor tarde y la mejor noche del sábado.

EL MURALISMO MEXICANO

1 **a)** Asegúrate de que conoces el significado de la palabra *mural*.

b) ¿Sabes algo del muralismo mexicano? ¿Has visto algunas obras de ese movimiento artístico? ¿Cómo son?

c) Lee el texto y comprueba. Puedes usar el diccionario.

El muralismo mexicano fue un movimiento artístico nacido en México hacia el año 1920, cuando muchos artistas del país decidieron dar su apoyo a la Revolución Mexicana de 1910 pintando grandes murales para edificios públicos. Tenía un contenido básicamente ideológico y fue un intento de mostrar al pueblo su propia historia, exaltando su pasado prehispánico con el fin de ayudarle en sus luchas de aquella época.

Entre otros nombres, destacaron los de Clemente Orozco, Diego Rivera y David Alfaro Siqueiros. Su trabajo favoreció la posterior aparición en México de una serie de artistas muy interesados en integrar el arte en la arquitectura y en la vida urbana.

Los muralistas utilizaron siempre un estilo realista, a menudo expresionista, y tenían un gran interés por los avances sociales y tecnológicos.

ica Latina

d] **Selecciona tres informaciones interesantes y prepara una pregunta sobre cada una de ellas.**

e] **Házselas a un compañero.**

f] **Piensa en las respuestas a estas preguntas y luego coméntalas con la clase.**

- ¿Qué opinas sobre los murales?
- ¿Te gustan? ¿Consideras que son útiles?
- ¿Conoces otros murales o sabes si hay otros en otros países? ¿Sobre qué tema(s) son? ¿Con qué fin han sido pintados?

13

Recuerdos de la infancia

1 **a]** ¿Sabes algo sobre los incas?
¿Con qué parte del mundo
los relacionas?
¿Y con qué época?

b] Lee el texto y comprueba.

LOS INCAS

Hacia el año 1100 d.C., los incas de habla quechua llegaron a los Andes desde el sur (lago Titicaca) y fundaron su capital, la ciudad de Cuzco. Posteriormente comenzaron a explorar y conquistar nuevas tierras, y crearon el imperio más organizado de América Latina, que perduró hasta aproximadamente el año 1530. Los incas construyeron grandes ciudades y gobernaron un extenso territorio, el equivalente a los actuales Perú, Ecuador, el oeste de Bolivia, el norte de Chile y el noroeste de Argentina.

FUENTE: *Exploradores y aventureros en América Latina*, **Ediciones SM.**

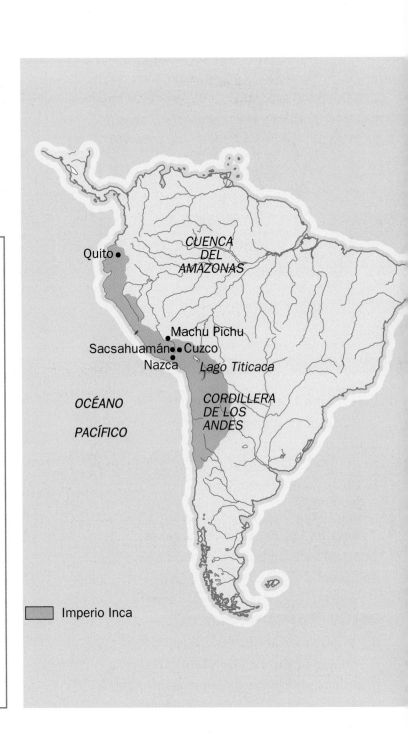

Quito

CUENCA
DEL
AMAZONAS

Machu Pichu

Sacsahuamán Cuzco

Nazca Lago Titicaca

OCÉANO

PACÍFICO

CORDILLERA
DE LOS
ANDES

Imperio Inca

2 a) Averigua qué significan las palabras que no entiendas.

- Cultivar — *cultivate*
- Llama (animal)
- Piedra — *stone*
- Maíz — *corn*

- Criar — *to breed*
- Transportar — *transport*
- Noble — *nobal*
- Paja — *straw*

- Sabio — *wise*
- Tejado — *tiled roof*
- Licor — *licor*

b) Ahora lee este texto sobre la vida de los incas.

Los incas trabajaban en el campo. Cultivaban, sobre todo, maíz y patatas (o papas). La llama era uno de los animales que criaban; la utilizaban para transportar cosas pesadas, con su lana hacían ropa y en las grandes ocasiones comían su carne.

La alimentación variaba de unas zonas a otras: en las regiones montañosas, la patata era el alimento principal; en las tierras más bajas, se tomaba mucho maíz. La bebida nacional era la chicha, un licor que las mujeres hacían con maíz.

Vivían en sencillas casas que tenían las paredes de piedra, el tejado de paja y una sola habitación. No había ni mesas ni sillas, y la familia dormía en el suelo, excepto los niños durante su primer año de vida.

Los niños del pueblo no iban a la escuela; aprendían junto a sus padres lo que necesitaban: los varones ayudaban al padre en las tareas del campo; las niñas, a la madre en la casa y en el campo. En cambio, los hijos de los nobles eran educados durante cuatro años por los sabios.

3 a) ¿Has observado que en el texto se emplea un nuevo tiempo del pasado, el pretérito imperfecto? Intenta completar este esquema, del cuadro siguiente.

FÍJATE EN LA GRAMÁTICA

Pretérito imperfecto

Verbos regulares

-AR	-ER	-IR
trabajaba	tenía	vivía
trabajabas	tenías	vivías
trabajaba	tenía	vivía
trabajábamos	teníamos	vivíamos
trabajabais	teníais	vivíais
....	....	....

Verbos irregulares

Ser	Ir	Ver
era	iba	veía
eras	ibas	veías
....	iba	veía
éramos	íbamos	veíamos
erais	ibais	veíais
....	....	veían

b) Ahora comprueba con el texto.

 **PRONUNCIACIÓN**

La sílaba fuerte

4 **a)** Escucha e identifica la sílaba fuerte.　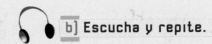 **b)** Escucha y repite.

---

5 **a)** Escribe seis preguntas sobre la vida de los incas.

¿Qué comían los incas?

b) Házselas a tu compañero para que responda a ellas (sin consultar el texto).

---

6 **a)** He aquí una escena en el interior de una casa inca en el año 1500. Obsérvala con atención, descubre los errores y escribe frases sobre ellos.

(En aquella época) No había teléfonos y, claro, la gente no no se *hablaba por teléfono.*

b) Compara con tu compañero. ¿Quién ha descubierto más errores y ha escrito más frases correctas?

c) Escribe tres frases verdaderas o falsas sobre aquella época. Luego pásaselas a tu compañero. ¿Está de acuerdo contigo en que son verdaderas o falsas?

La infancia

7 **a]** Estas palabras sirven para hablar de la infancia.
Pregunta el significado de las que no conozcas
y forma dos parejas de contrarios.

- Juguete
- Castigar
- Castigo
- Aprobar

- Premio
- Asignatura
- Hacer travesuras
- Suspender

- Travieso
- Notas

b] ¿Qué palabras de las anteriores te traen recuerdos agradables? ¿Y desagradables?

c] ¿Recuerdas cuál era tu juguete preferido? ¿Y uno de tus juegos favoritos?
Averigua cómo se dicen en español.

8 **a]** Relaciona las dos mitades de cada frase.

- Cuando tenía diez años, era un poco bajo(a) y tímido(a)...
- Vivía en la misma casa...
- Éramos tres hermanos...
- Me gustaba mucho la música y tocaba la guitarra;...
- La asignatura que más me gustaba...
- No era mal estudiante,...
- Era bastante travieso y...

It's naughty

- ... era la Historia.
- ... me castigaban algunas veces.
- ... pero bastante guapo (a).
- ... y yo era el mayor.
- ... pero a veces suspendía alguna asignatura.
- ... que ahora.
- ... mi músico preferido era Carlos Santana.

b] ¿Con cuáles te identificas? Díselo a tu compañero.

9 **a]** Lee este cuestionario y anota
tus respuestas.

¿Cómo era su vida a los diez años?

	Usted		
Aspecto y carácter.			
Lugar de residencia: ¿casa o piso?			
Su familia.			
Su mejor amigo.			
Juego o juguete preferido.			
Aficiones. Famoso admirado.			
Centro de estudios. Curso.			
Asignatura preferida.			
Asignatura más odiada.			
Notas. ¿Suspensos?			
Profesor preferido.			
¿Travieso? ¿Castigos?			

b] En grupos de tres. Pregunta a tus compañeros y anota sus nombres y sus respuestas.

■ ¿Cómo eras | cuando tenías a los | diez años?

c] ¿Con qué compañero coincides en más cosas? ¿Crees que habríais sido buenos amigos a los diez años? Coméntalo con él.

d] Decidle a la clase en qué coincidíais a esa edad.

David y yo éramos muy traviesos y nos castigaban muchas veces: nos prohibían comer golosinas.

10 a] Escucha esta conversación entre Rafa y Ana sobre su infancia. ¿Quién no menciona ningún recuerdo malo?

b] Escucha de nuevo la conversación y anota los recuerdos que oigas.

	Rafa	Ana
Recuerdos buenos		
Recuerdos malos		

11 a] Dos grupos [A y B]. Imagina la infancia del profesor o la profesora y decide con los miembros de tu grupo qué cosas hacía o le gustaban.

b] Decídselas a él o ella para que confirme si las hacía o no. ¿Qué equipo tiene más aciertos?

● *Cuando eras pequeña, te castigaban mucho.*
● *No, era muy buena y no me castigaban.*

12 Habla de tu infancia con un compañero con el que no hayas trabajado en esta lección. Luego toma nota de lo que él te diga.

Cuando era niño...

13 a] Utiliza esas notas para escribir en casa un texto sobre la infancia de ese compañero y añade dos informaciones sorprendentes que te inventes.

LA INFANCIA DE NICK

Cuando Nick era niño...

b] Entrégaselo al profesor en la próxima clase [él se lo dará a otro estudiante para que descubra las dos informaciones inventadas].

¿Lo tienes claro?

Estrategias de aprendizaje

14 **a]** **Piensa en tu experiencia como estudiante y hablante de español. Luego coméntale a la clase las cosas en las que has cambiado y mejorado.**

Antes entendía muy poco cuando escuchaba español. Ahora entiendo más (porque sé qué tengo que hacer cuando escucho).
Antes me ponía nervioso cuando tenía que hablar en clase, pero ahora no.

b] **¿Han dicho tus compañeros algo interesante que pueda serte útil en el futuro? Anótalo y trata de ponerlo en práctica a partir de ahora.**

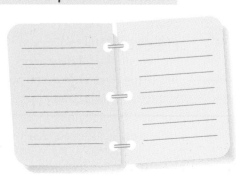

LA SOCIEDAD INCA

1 **a]** Lee el artículo (puedes usar el diccionario). Luego complétalo con las frases siguientes.

- ▣ La familia tenía una gran importancia para ellos
- ▣ Las tareas de los hombres eran muy variadas
- ▣ Por eso tenía un poder absoluto
- ▣ Llegaron a tener una red de comunicaciones muy completa
- ▣ Que la trabajaba de manera colectiva

Para mucha gente, el imperio Inca es uno de los más sorprendentes de la historia, y la organización de su sociedad es uno de los aspectos que más les llaman la atención.

Los incas consideraban que su emperador, el Inca, era hijo del Sol, su máximo dios; 1 .... sobre las personas, la tierra, los animales y los metales del imperio. 2 .... Cada persona era miembro de un *ayllu*, grupo formado por familias que descendían de un mismo individuo.

Machu Picchu, ciudad fortaleza inca
construida a 2430 m de altura

Los incas tenían que cumplir la *mita*, que consistía en trabajar gratis para el Estado durante un período de tiempo determinado. 4 .... : cultivar los terrenos del Inca, participar en guerras con el ejército, construir obras públicas, etcétera. Las mujeres hacían una cantidad determinada de ropas para los funcionarios.

La economía tenía su base en la agricultura, y estaba controlada y dirigida por el Estado. La tierra era propiedad de este y se dividía en tres partes: una para el Inca, otra para el Sol y la tercera para el *ayllu*, 3 .... Con los productos obtenidos, el Estado hacía frente a sus gastos (ejército, obras públicas, etcétera) y proporcionaba todo lo necesario para vivir, razón por la que no existía el hambre. Además, los ancianos y enfermos recibían ayuda especial.

ica Latina

los incas construyeron unos 40.000 kilómetros de caminos.

5 .... A lo largo de los años construyeron por todo el territorio muchos caminos que facilitaban el trabajo de los *chasquis*, mensajeros muy rápidos, especialmente preparados, que iban corriendo a los diferentes lugares del imperio para llevar las noticias y comunicar las leyes.

b] Lee de nuevo y selecciona las informaciones que más te llamen la atención.

c] Coméntalas con tus compañeros.

RECUERDA

COMUNICACIÓN

Describir personas, lugares y cosas en pasado
- Cuando era pequeño era muy rubio y bastante alto.
- Mi casa era muy bonita y tenía un jardín.

Hablar de acciones habituales en el pasado
- De pequeño iba mucho al cine.
- A los diez años jugaba al fútbol en el equipo del colegio.

GRAMÁTICA

Pretérito imperfecto
- Verbos regulares
  (ver resumen gramatical, apartado 3.4.1)
- Verbos irregulares
  Ir, ser, ver
  (ver resumen gramatical, apartado 3.4.2)

Preposiciones
- *A*
  - *A los diez años = cuando tenía diez años*
- *De*
  - *De pequeño = cuando era pequeño.*

Objetos y regalos

OBJETIVOS

- Describir objetos
- Expresar utilidad
- Expresar de qué está hecho un objeto
- Hablar de regalos: los regalos que recibimos y los que hacemos

1 **a]** **Lee estas palabras y busca en un diccionario cinco que no conozcas.**

- Tijeras
- Toalla
- Cartera
- Jabón
- Encendedor
- Peine
- Mochila
- Papelera
- Lápiz
- Pañuelo
- Calculadora
- Perfume
- Espejo
- Pegamento
- Percha
- Cepillo de dientes

b] **Pregunta a tus compañeros qué significan las restantes.**

c] **Subraya en el apartado a] los nombres de estos objetos.**

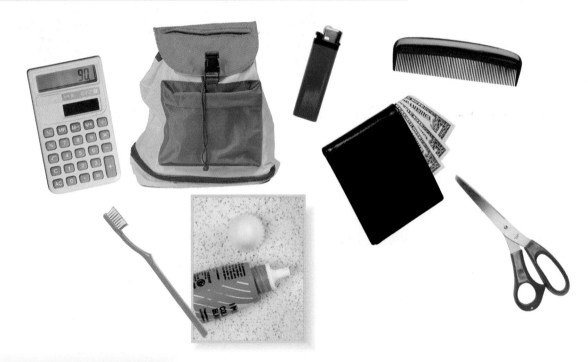

 **PRONUNCIACIÓN**

2 **a]** **Pronuncia cada una de las palabras de 1 a].**

 b] **Escucha, comprueba y repite.**

3 **a]** Averigua el significado de los verbos y expresiones que no conozcas. Presta atención a los reflexivos.

- Peinarse
- Mirarse
- Lavarse los dientes
- Limpiarse la nariz

- Cortar
- Tirar
- Encender
- Perfumarse

- Escribir
- Secarse
- Llevar dinero y documentos
- Llevar objetos personales

- Pegar
- Colgar
- Calcular
- Lavarse

b] Practica los que te resulten más difíciles de pronunciar.

c] Piensa en la utilidad de los objetos de 1 a] y relaciónalos con los verbos.

tijeras - cortar

Percha.

Colgar.

4 Mira el dibujo y luego juega con tus compañeros.

5 **a]** Asegúrate de que entiendes estas palabras que sirven para describir objetos.

- Plástico
- Pesado
- Rectangular
- Redondo
- Blando
- Tela
- Metal
- Ligero
- Papel
- Cristal
- Madera
- Triangular

b] Escríbelas en la columna correspondiente.

Forma	Material	Otras características
cuadrado	piel	duro

6 Lee estas descripciones. ¿A qué objeto corresponde cada una de ellas?

1

Es estrecho, largo, duro y de color rojo. Es de madera y sirve para escribir, dibujar y pintar.

2

Es rectangular y de color negro. Es de piel y sirve para llevar dinero, tarjetas y documentos.

3

Es verde, blanco, estrecho, largo y ligero. Es de plástico y sirve para lavarse los dientes.

7 **a]** Elige dos objetos que utilizas mucho o que te gustan mucho, y piensa en su descripción.

Objeto		
Descripción		

b] Descríbeselos a tu compañero para que adivine cuáles son. Si tiene dificultades, puede hacerte preguntas a las que tú responderás «sí» o «no», o puedes darle alguna pista.

8 **a]** Escucha a estas tres personas jugando a las adivinanzas y escribe solo el nombre del objeto que adivinan en cada caso.

	Objeto	¿Dónde está?	¿Cómo es?	¿De qué es?	¿Para qué sirve?
1					
2					
3					

b] Escucha de nuevo y completa las columnas restantes.

9 En grupos de cuatro. Cada alumno piensa en un objeto personal o de la clase, y sus compañeros tratan de adivinarlo haciendo preguntas a las que él responde «sí» o «no».

- ¿Es tuyo?
- No, no es mío.
- ¿Es de la clase?
- Sí...
- ...

Estrategias de comunicación

10 **a]** Comenta con tus compañeros qué haces cuando quieres referirte a un objeto en español pero no sabes cómo se dice.

- Puedes, entre otras cosas, describirlo. Puedes decir:

  ¿Cómo es? (color, tamaño, forma, etcétera).
  ¿De qué es?
  ¿Para qué sirve?

- También es posible emplear algunas frases útiles:

  Es una cosa parecida a...
  Es una especie de...
  Es una cosa de (material)...

b] Piensa en un objeto que no sabes cómo se dice en español y descríbeselo a tus compañeros y al profesor para que te den la palabra española.

Regalos

11 **a]** Lee lo que dicen estas personas.

EL MEJOR REGALO DE SU VIDA

«El mejor regalo que me han hecho en mi vida ha sido, sin duda, una guitarra. Me la regaló mi tío cuando tenía nueve años. Empecé a tocarla, a ir a clase de guitarra… y puedo decir que descubrí mi interés por la música gracias a ella».

«A mí mis padres me regalaron una bicicleta a los once años. Me la regalaron cuando acabé la Primaria; fue un premio. Recuerdo que era el regalo que más deseaba y, claro, me encantó. Luego la utilicé durante muchos años y todavía la tengo».

«Pues yo no podría decir ahora cuál ha sido el mejor regalo de mi vida. Sí recuerdo algunos que fueron muy importantes para mí: un balón que me regaló mi abuelo cuando era pequeño, una pluma que me regaló una amiga… En fin, todos tuvieron un significado especial para mí, no puedo decir que uno fue mejor que otro».

b] ¿Te han hecho a ti alguna vez alguno de esos regalos? ¿Cuándo? Coméntaselo a tus compañeros.

(A mí) Mis padres también me regalaron una bicicleta cuando era pequeño.

12 **a]** Piensa en el mejor regalo que te han hecho. Si no sabes cómo se dice en español, averígualo.

b] En grupos de cuatro. Habla con tus compañeros y comprueba si tu regalo coincide con el de alguno de ellos.

⦿ ¿Cuál ha sido el mejor regalo que te han hecho?
⦿ Unos patines.
⦿ ¿Y quién te los regaló?
⦿ (Me los regaló) Una tía mía.

13 **a]** ¿Sueles regalar alguna de estas cosas?

libros   música   juegos de ordenador   ropa   perfume   flores

objetos de decoración   cosas prácticas   joyas   juguetes

b] ¿Qué otras cosas sueles regalar? Díselas a tu compañero y toma nota de las que te diga él.

c] Averigua a quién se las regala y si coincidís cuando hacéis regalos.

⦿ ¿A quién le regalas juguetes?
⦿ (Se los regalo) A mi sobrina pequeña.

FÍJATE EN LA GRAMÁTICA

Pronombres de OI + OD

Me
Te
~~(Le)~~ Se
Nos
Os
~~(Les)~~ Se

| lo |
| los |
| la |
| las |

⦿ ¿A quién le regalas música?
⦿ **Se la** regalo a mi mejor amigo.

¿Lo tienes claro?

14 a] Piensa en una celebración o un acontecimiento en el que te regalaron dos cosas como mínimo y en quién te las regaló.

b] Coméntalo con un compañero.

En mi último cumpleaños me regalaron un despertador, una...
El despertador me lo regaló...

c] Dile a otro compañero lo que te acaban de comentar y añade un regalo muy extraño. ¿Se imagina cuál es el regalo que te has inventado?

A Walter le regalaron en su último cumpleaños un despertador, una...
El despertador se lo regalaron sus compañeros...

UN CÓMIC DE MAITENA

1 a) Asegúrate de que entiendes estas frases.

- Los (hombres) que te dan la plata.
- Los que te regalan lo que ellos quieren que uses.
- Los que buscan sorprenderte.
- Los que, por no arriesgar, solo te regalan flores y perfumes.
- Los que le piden a otra persona que compre el regalo.

b) Lee este cómic de Maitena, autora argentina, y escribe una de esas frases encima de cada viñeta.

ica Latina

c] ¿Añadirías tú algún otro grupo en el que se puede incluir a algunos hombres cuando hacen regalos? Díselo a la clase.

2 a] En grupos de tres. Pensad en la actitud de las mujeres cuando hacen regalos y escribid algunas frases describiendo diferentes grupos en los que pueden ser incluidas.

Las que...

b] Comentádselo a la clase. ¿Están vuestros compañeros y compañeras de acuerdo?

3 Y tú, ¿qué tienes en cuenta para elegir un regalo? ¿Crees que puedes incluirte en alguno de los grupos vistos? Díselo a la clase.

lección

15

El futuro

OBJETIVOS

• Hablar del futuro

• Hacer predicciones

• Expresar hipótesis sobre el futuro

• Expresar condiciones y sus consecuencias

1 a) Piensa cómo será la vida en el siglo XXI y trata de responder a las preguntas.

- ¿Viviremos más años?
- ¿Tendrá curación el cáncer?
- ¿Aumentará la población de la Tierra? ¿Habrá más pobres?
- ¿Emigrará mucha gente?
- ¿Trabajaremos más?
- ¿Dependeremos del petróleo tanto como ahora?

- ¿Podremos vivir en el espacio?
- ¿Seguirán existiendo los colegios? ¿Estudiarán los niños solos en casa?
- ¿Existirá un idioma en el que todos podamos comunicarnos?
- ¿Habrá más contaminación? ¿Habrá tantas especies animales como ahora?

b) Lee estas opiniones de expertos españoles en diferentes materias y comprueba.

LA VIDA EN EL SIGLO XXI

«Nuestra vida será más larga. No seremos inmortales, pero llegaremos a vivir unos 120 años».

«El cáncer continuará existiendo, pero estaremos en condiciones de curarlo y nuestros nietos no morirán por su causa».

«Cada año habrá más gente en la Tierra: su población aumentará a un ritmo de 77 millones de personas por año y morirá mucha gente de hambre».

«Este será el siglo de los grandes movimientos migratorios, que generarán sociedades multiétnicas».

«Llegaremos a trabajar unas 30 horas a la semana, 10 menos que en la actualidad».

«A partir del año 2020 habrá menos petróleo y utilizaremos diversas fuentes de energía. El hidrógeno será una de las más importantes».

«Hacia el año 2050 estableceremos bases, no ciudades, en la Luna. A finales de siglo colonizaremos Marte, pero el colono será un habitante de una base científica».

«Existirá la escuela virtual, se podrá estudiar por Internet, pero los niños seguirán yendo al colegio».

«No existirá una lengua única, utilizada por todos. Se emplearán las que tengan una gran base demográfica y entren en el mundo de las tecnologías».

«La Tierra estará más contaminada y desaparecerán muchas especies animales».

c) ¿Hay algo que te haya llamado la atención? Díselo a tus compañeros.

2 Como habrás observado, en el texto anterior aparece un tiempo verbal nuevo, el Futuro. Fíjate e intenta completar este esquema con las terminaciones que faltan (puedes consultar la actividad 1).

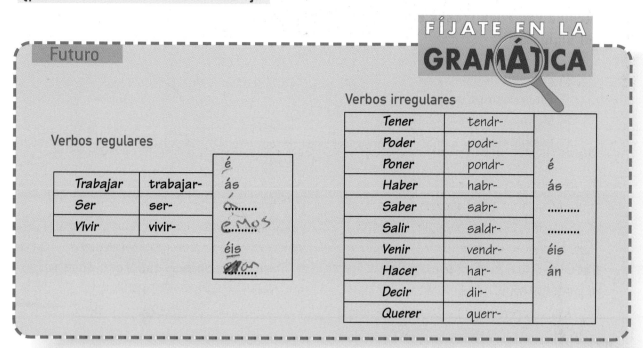

FÍJATE EN LA GRAMÁTICA

Futuro

Verbos regulares

Trabajar	trabajar-	é
Ser	ser-	ás
Vivir	vivir-	á.......
		e.mos
		éis
		a.on.....

Verbos irregulares

Tener	tendr-	
Poder	podr-	
Poner	pondr-	é
Haber	habr-	ás
Saber	sabr-	....
Salir	saldr-	....
Venir	vendr-	éis
Hacer	har-	án
Decir	dir-	
Querer	querr-	

PRONUNCIACIÓN

3 a) Escucha y marca la sílaba más fuerte.

b) ¿Sabes por qué algunas llevan tilde en la última sílaba y otras no?

Juega al tres en raya

4 En grupos de tres. Por turnos, cada alumno elige una casilla y construye la correspondiente forma verbal en Futuro. Si está bien, escribe su nombre en esa casilla. Gana quien consiga tres en raya.

jugar (usted)	decir (tú)	estar *estaré* (yo)	tener (ellos)	volver (nosotras)
salir (yo)	leer (él)	hacer (ellas)	ir (tú)	poder (usted)
empezar (nosotros)	sentirse (yo)	saber (ustedes)	ponerse (él)	pedir (vosotras)
levantarse (ella)	ver (usted)	venir (nosotras)	querer (yo)	llegar (ellos)

5 **a]** Elige cinco o seis palabras nuevas de la actividad 1 que te parezcan útiles.

b] Escribe con ellas frases en las que describas cambios que tendrán lugar a lo largo del siglo XXI.

- Probablemente...
- Estoy seguro/a de que...
- Me imagino que...
- Posiblemente...

c] Pásaselas a tu compañero para que las corrija y te diga si piensa lo mismo que tú.

6 **a]** Escucha esta conversación entre Marisol y César. ¿Creen que el futuro será mejor que el presente?

b] Escucha de nuevo y anota lo que entiendas en la columna correspondiente.

	Cambios positivos	Cambios negativos
Marisol		
César		

7 **a]** Y tú, ¿consideras que el mundo del futuro será mejor o peor? Piensa en tu respuesta y arguméntala mencionando cambios que se producirán a lo largo de este siglo.

b] Díselo a tus compañeros. ¿Hay alguno que coincida contigo?

- Yo estoy segura de que será mejor; viviremos mejor porque...
- Pues yo no estoy de acuerdo; yo creo que viviremos peor porque...

c] Haced una votación para averiguar si vuestra clase es optimista o pesimista sobre el futuro.

8 **a)** ¿Qué cambios crees que habrá en tu vida privada y profesional en los próximos veinte años? Piensa, entre otros, en los siguientes puntos:

Estado civil	
Lugar de residencia	
Profesión	
Aspecto físico	
Relaciones personales	
Tiempo libre	
Ideas políticas	

Me imagino que cambiaré de estado civil. Posiblemente me casaré, pero no sé si tendré hijos.

Probablemente viviré en la misma ciudad y en la misma casa.

b) Coméntaselos a un compañero y averigua si piensa que habrá algún cambio interesante en su vida.

c) Informa a la clase de los cambios más importantes de tu compañero.

Matt cree que se casará...

Supersticiones

9 a) ¿Conoces el significado de la palabra «superstición»?

b) Observa los dibujos y relaciónalos con las supersticiones.

A

B

C

D

1 Si pasas por debajo de una escalera, tendrás mala suerte.

2 Si duermes con un espejo debajo de la almohada, soñarás con tu futuro/a marido/mujer.

3 Si tocas madera, se cumplirán tus deseos.

4 Si te pones el jersey del revés, tendrás buena suerte.

c) ¿Has deducido el significado de las palabras nuevas? Coméntalo con tus compañeros.

¿Lo tienes claro?

10 **a)** Lee estas supersticiones incompletas y averigua qué significa lo que no entiendas.

- ▓ Si te cruzas con un gato negro,...
- ▓ Si se te cae una copa de vino sobre la mesa,...
- ▓ Si coges el ramo de la novia en una boda,...

B

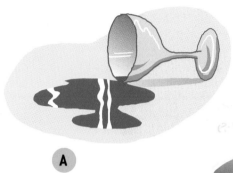

A

C

b) Utiliza estas pautas para completarlas (de la manera que te parezca más apropiada).

casarse pronto	tener buena suerte	tener mala suerte

c) ¿Conoces otras supersticiones? Asegúrate de que sabes cómo se dicen en español y enséñaselas a tus compañeros.

11 **a)** Piensa en las respuestas a estas preguntas y coméntalas con la clase.

- ◉ ¿Existen muchas supersticiones en tu cultura?
- ◉ ¿Crees en ellas?
- ◉ ¿En qué profesiones consideras que la gente es más supersticiosa?

b) Lee lo que dice un antropólogo y comprueba la respuesta a la última pregunta.

«Podemos decir que generalmente las personas más supersticiosas son las que tienen profesiones más peligrosas o las que no saben qué resultado dará su trabajo. Los toreros, estudiantes, artistas, deportistas y escritores suelen ser muy supersticiosos».

UN AÑO DE AMOR

1 **a]** Asegúrate de que entiendes estos cuatro versos de una canción. ¿Piensas que será una canción alegre o triste? ¿De qué crees que tratará?

- ▧ Si ahora tú te vas, no recuperarás
- ▧ Recordarás el sabor de mis besos
- ▧ Que los días son eternos y vacíos sin mí
- ▧ Y entenderás en un solo momento

b] Lee la letra incompleta y comprueba las respuestas dadas a las preguntas anteriores. Pregúntale al profesor el significado de las palabras nuevas.

UN AÑO DE AMOR

Lo nuestro se acabó y te arrepentirás
de haberle puesto fin a un año de amor.
Si ahora tú te vas, pronto descubrirás

....

Y de noche, por no sentirte solo,
recordarás nuestros días felices,

....

....

qué significa un año de amor.

¿Te has parado a pensar lo que sucederá,
todo lo que perdemos y lo que sufrirás?

....

los momentos felices que te hice vivir.

Y de noche, por no sentirte solo,
recordarás nuestros días felices,

....

....

qué significa un año de amor.

Compuesta por: M. FERRER y G. VERLOR.
Texto en español: PEDRO ALMODÓVAR

c] Ahora complétala con los versos de a) (dos de ellos se repiten).

 d] Escucha la canción y comprueba.

ica Latina

COMUNICACIÓN

Hablar del futuro. Hacer predicciones
• La población de la Tierra aumentará mucho durante el siglo XXI.

Expresar hipótesis
• No sé si viviremos mejor en el futuro, pero probablemente trabajaremos menos.

Expresar condiciones y sus consecuencias
• Si tocas madera, se cumplirán tus deseos.

GRAMÁTICA

Futuro simple

| • Estoy seguro de que |
| • Me imagino que | + Futuro simple |
| • Probablemente |
| • Posiblemente |

(Ver resumen gramatical, apartado 3.6)

Si + presente de indicativo, futuro simple
(Ver resumen gramatical, apartado 21)

e) Escúchala de nuevo y lee la letra. Luego comenta con tus compañeros.

▪ Lo que ha pasado o puede pasar.
▪ Las consecuencias que menciona la chica.

○ *Lo que ha pasado es que...*
○ *Si él deja a la chica...*

1 JUEGO DE VOCABULARIO

a) Busca en las lecciones 11-15 y haz una lista de seis palabras que te parezcan útiles y te resulten difíciles.

b) Muéstraselas a tu compañero y explícale las que no entienda. Comparad las dos listas y elegid las seis palabras que consideréis más útiles.

c) Dos parejas, por turnos. Una pareja dice una de esas palabras, y la otra imagina y representa un pequeño diálogo incluyéndola. Si lo hace correctamente, obtiene un punto. Gana la pareja que consiga más puntos.

2

a) Lee estas palabras. Asegúrate de que las entiendes.

compras   dinero   turismo   limpias   descubierta

b) Lee este anuncio y complétalo con las palabras del apartado anterior.

c) ¿Qué aspectos positivos ofrece Turquía a los turistas? Coméntalo con la clase.

d) Y tú, ¿qué sabes de ese país? ¿Has estado allí alguna vez? ¿Conoces a alguien que haya estado allí? Díselo a tus compañeros.

e) Imagina que estás de vacaciones en Turquía. Escribe una postal a un/a amigo/a y háblale de:

- El lugar donde estás.
- El clima.
- Lo que hiciste ayer y lo que has hecho hoy.
- Tus planes para los próximos días.

3 a) Repasa los tiempos verbales estudiados en las lecciones 11-15 y anota las formas con las que tengas más dificultades.

b) Comprueba si las recuerda tu compañero y anota las más difíciles de las suyas.

c) Escribe frases incompletas con algunas de las formas de a) y b). No te olvides de especificar el verbo y la persona gramatical. Luego pásaselas a tu compañero para que las complete.

El sábado, Cecilia fue a una fiesta y .... (divertirse, ella) muchísimo.

4 a) Imagina el último fin de semana de un compañero al que no conozcas mucho. Anota las cosas que crees que hizo y valóralas.

El domingo por la mañana fue al Parque de Atracciones con...

b) Díselo y comprueba cuántas cosas has adivinado.

El sábado por la tarde fuiste a...

5 ¿VERDADERO O FALSO?

Escucha esta conversación entre dos antiguos compañeros de estudios y de piso, y marca la opción correcta.

	V	F
En su época de estudiantes vivían peor que ahora.		
Tenían muy poco tiempo libre.		
Eran malos estudiantes y estudiaban poco.		
Solían acostarse muy tarde.		
En épocas de exámenes estudiaban mucho por la noche.		
La casa en la que vivían tenía mucha luz y era muy alegre.		
No era muy céntrica.		

6 a) Piensa cómo era tu vida hace 10 años y anota cosas que hacías entonces y no haces ahora.

b) Coméntaselas a tu compañero y averigua si coincides con él en algo.

7 a) ¿Recuerdas cuáles son los dos o tres últimos regalos que has hecho? Piensa cómo puedes describirlos.

b) Descríbeselos a un compañero para que adivine qué regalos eran.

Era cuadrado, de tamaño medio y de plástico. Servía para...

c) Dile a quién le regalaste cada cosa, cuándo y por qué.

El... se lo regalé a...

Objetos	Descripción	¿A quién?	¿Cuándo?	¿Por qué?

8 a) ¿Qué cambios crees que se producirán en los próximos 25 años? Anótalos en el cuadro.

EN TU PAÍS

EN EL MUNDO

Probablemente...,

b) Compara con un compañero. ¿Coincidís en algo?

c) Coméntale a la clase los cambios más interesantes pronosticados por tu compañero.

9 a) ¿Qué recuerdas de los incas? Responde a las preguntas.

- ¿Hasta qué año aproximadamente existió el imperio inca?
- ¿A qué países actuales corresponde el territorio que ocupaba?
- ¿Cuál era su capital?
- ¿Cuál era el alimento básico de los incas?
- ¿Qué recuerdas de sus casas?
- Según los incas, ¿de quién era hijo el emperador?
- ¿Quién era el propietario de la tierra que cultivaban los incas?
- ¿Qué proporcionaba el Estado a los ciudadanos?

b) Compara tus respuestas con las de tu compañero. Si tenéis alguna duda, podéis consultar la lección 13.

10 JUEGO SOBRE ESPAÑA Y AMÉRICA LATINA

a) Piensa en informaciones sobre España o América Latina estudiadas durante el curso y toma nota de ellas. Puedes consultar el libro.

Montevideo es la capital administrativa del Mercosur.

b) Compáralas con las de un compañero y preparad un cuestionario de ocho preguntas sobre esas informaciones.

C U E S T I O N A R I O

ESPAÑA Y AMÉRICA LATINA

....

....

....

....

....

....

....

....

c) Jugad con otros dos compañeros. Hacedles vuestras preguntas y contestad a las suyas. ¿Quiénes dan más respuestas correctas?

Preparación de la tarea

EN GRUPOS DE TRES

a) El mes que viene os vais a ir de vacaciones durante una semana a alguna parte, pero aún no sabéis a dónde. Discutidlo y decidid a dónde vais a ir.

b) Haced una lista de toda la información que necesitáis para hacer el viaje:

Medios de transporte, horarios y precios	Clima

Posibilidades de alojamiento y precios	Qué podéis visitar y hacer allí, etcétera

c) Decidid qué información va a buscar cada uno de vosotros, dónde y cómo (en agencias de viaje, aeropuertos, por teléfono...).

en marcha

1 *Buscad* esa información donde y como habéis decidido en el apartado anterior.

2 *Comentad* al resto del grupo la información obtenida y poneos de acuerdo en cómo vais a hacer el viaje y dónde os vais a alojar. ¡No olvidéis hacer una lista de la ropa y las cosas que tenéis que llevar!

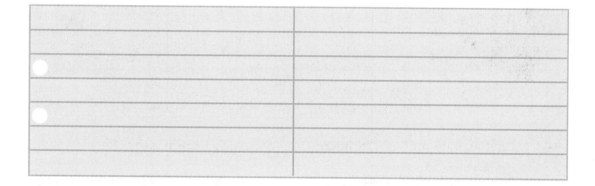

3 *Hablad* a los demás compañeros de vuestro viaje y vuestros planes para esa semana, pero no mencionéis el nombre del lugar al que vais a ir. Ellos tienen que adivinarlo.

resumen gramatical

1 El alfabeto

LETRA	NOMBRE DE LA LETRA	SE PRONUNCIA	EJEMPLO
A, a	a	/a/	La Habana
B, b	be	/b/	Barcelona
C, c	ce	/θ/, /k/	cine, Carmen
Ch, ch	che	/tʃ/	Chile
D, d	de	/d/	adiós
E, e	e	/e/	España
F, f	efe	/f/	teléfono
G, g	ge	/g/, /x/	Málaga, Ángel
H, h	hache	–	hotel
I, i	i	/i/	Italia
J, j	jota	/x/	Japón
K, k	ka	/k/	kilómetro
L, l	ele	/l/	Lima
Ll, ll	elle	/ļ/	Lluvia
M, m	eme	/m/	Madrid
N, n	ene	/n/	no
Ñ, ñ	eñe	/ɲ/	España
O, o	o	/o/	Toledo
P, p	pe	/p/	Perú
Q, q	cu	/k/	Quito
R, r	erre	/r̄/, /r/	guitarra, aeropuerto
S, s	ese	/s/	sí
T, t	te	/t/	teatro
U, u	u	/u/	Uruguay
V, v	uve	/b/	Venezuela
W, w	uve doble	/w/, /b/	whisky, water
X, x	equis	/ks/, /s/	taxi, extranjero
Y, y	i griega	/y/, /i/	yo, Paraguay
Z, z	zeta	/θ/	plaza

Observaciones:

- La letra *h* no se pronuncia en español (*hola, hospital*).

- Las letras *b* y *v* se pronuncian igual: /b/ (*Buenos Aires, Valencia*).

- La letra *x* se pronuncia /s/ delante de consonante (*exterior*).

- Las letras *c, z* y *q*:

- El sonido /r̃/ se escribe con:

  rr entre vocales (*perro*).
  r al principio de palabra (*Roma*) o detrás de *l, n* y *s* (*alrededor, Enrique, Israel*).
  En los demás casos, la *r* se pronuncia /r/, por ejemplo, *pero*.

SE ESCRIBE	SE PRONUNCIA
ca	/ka/
que	/ke/
qui	/ki/
co	/ko/
cu	/ku/

SE ESCRIBE	SE PRONUNCIA
za	/θa/
ce	/θe/
ci	/θi/
zo	/θo/
zu	/θu/

- Las letras *g* y *j*:

SE ESCRIBE	SE PRONUNCIA
ga	/ga/
gue	/ge/
gui	/gi/
go	/go/
gu	/gu/
güe	/gue/
güi	/gui/

SE ESCRIBE	SE PRONUNCIA
ja	/xa/
je, ge	/xe/
ji, gi	/xi/
jo	/xo/
ju	/xu/

2 Posesivos

Los posesivos concuerdan con el sustantivo en género y número.
  —**Tus** herman**os** no viven aquí, ¿verdad?
  —Es una amig**a** mí**a**.

2.1. FORMAS ÁTONAS

Observaciones:

- Van delante del sustantivo.

  —¿A qué se dedica **tu** padre?

Masculino		Femenino	
Singular	Plural	Singular	Plural
mi	mis	mi	mis
tu	tus	tu	tus
su	sus	su	sus
nuestro	nuestros	nuestra	nuestras
vuestro	vuestros	vuestra	vuestras
su	sus	su	sus

2.2. FORMAS TÓNICAS

Masculino		Femenino	
Singular	**Plural**	**Singular**	**Plural**
mío	*míos*	*mía*	*mías*
tuyo	*tuyos*	*tuya*	*tuyas*
suyo	*suyos*	*suya*	*suyas*
nuestro	*nuestros*	*nuestra*	*nuestras*
vuestro	*vuestros*	*vuestra*	*vuestras*
suyo	*suyos*	*suya*	*suyas*

Observaciones:

● Pueden ir:
- Detrás del sustantivo.
    —Un **amigo mío.**
- Detrás del verbo.
    —Ese libro **es tuyo,** ¿no?
- Detrás del artículo y otros determinantes del sustantivo.
    —Mi novia es muy inteligente.
    —**La mía** también.

3 Verbos

En español hay tres grupos de verbos. El infinitivo puede terminar en **-ar**, **-er** o **-ir.**

3.1. PRESENTE DE INDICATIVO

3.1.1. Verbos regulares

	HABLAR	COMER	VIVIR
(Yo)	habl**o**	com**o**	viv**o**
(Tú)	habl**as**	com**es**	viv**es**
(Él/ella/usted*)	habl**a**	com**e**	viv**e**
(Nosotros/nosotras)	habl**amos**	com**emos**	viv**imos**
(Vosotros/vosotras)	habl**áis**	com**éis**	viv**ís**
(Ellos/ellas/ustedes*)	habl**an**	com**en**	viv**en**

3.1.2. Verbos irregulares

3.1.2.1. *Ser, estar* e *ir.*

	SER	ESTAR	IR
(Yo)	*soy*	*estoy*	*voy*
(Tú)	*eres*	*estás*	*vas*
(Él/ella/usted*)	*es*	*está*	*va*
(Nosotros/nosotras)	*somos*	*estamos*	*vamos*
(Vosotros/vosotras)	*sois*	*estáis*	*vais*
(Ellos/ellas/ustedes*)	*son*	*están*	*van*

* *Usted* y *ustedes* designan a segundas personas, pero se usan con las mismas formas verbales que *él/ella* y *ellos/ellas* (terceras personas).

3.1.2.2. Irregularidades que afectan a las tres personas del singular y a la tercera del plural.

verbo *jugar* ($u \rightarrow ue$)	$e \rightarrow ie$	$o \rightarrow ue$	$e \rightarrow i$	$u \rightarrow uy$ (verbos en -*uir*)
JUGAR	**QUERER**	**PODER**	**PEDIR**	**INCLUIR**
ju**e**go	qu**i**ero	p**ue**do	p**i**do	inclu**y**o
ju**e**gas	qu**i**eres	p**ue**des	p**i**des	inclu**y**es
ju**e**ga	qu**i**ere	p**ue**de	p**i**de	inclu**y**e
jugamos	queremos	podemos	pedimos	incluimos
jugáis	queréis	podéis	pedís	incluís
ju**e**gan	qu**i**eren	p**ue**den	p**i**den	inclu**y**en

emp**e**zar	v**o**lver	d**e**cir	infl**uir**
p**e**nsar	ac**o**starse	rep**e**tir	constr**uir**
pref**e**rir	d**o**ler	s**e**guir	destr**uir**
recom**e**ndar	ac**o**rdarse	s**e**rvir	
com**e**nzar	rec**o**rdar	el**e**gir	

3.1.2.3. $c \rightarrow zc$ en la primera persona del singular (verbos en -*ecer*, -*ocer* y -*ucir*)

conocer → cono**z**co   conducir → condu**z**co   traducir → tradu**z**co

3.1.2.4. Verbos con la primera persona del singular irregular:

hacer → ha**g**o   saber → s**é**
salir → sal**g**o   ver → v**e**o
poner → pon**g**o   dar → do**y**
traer → tra**ig**o

3.1.2.5. Verbos con doble irregularidad

TENER	**VENIR**
ten**g**o	ven**g**o
t**ie**nes	v**ie**nes
t**ie**ne	v**ie**ne
tenemos	venimos
tenéis	venís
t**ie**nen	v**ie**nen

DECIR	**OÍR**
d**ig**o	o**ig**o
d**i**ces	o**y**es
d**i**ce	o**y**e
decimos	oímos
decís	oís
d**i**cen	o**y**en

USOS DEL PRESENTE:

Para expresar lo que hacemos habitualmente.
 —Todos los días **me levanto** a las ocho.
Para dar información sobre el presente.
 —**Está** casada y **tiene** dos hijos.
Para ofrecer y pedir cosas.
 —¿**Quieres** más ensalada?
 —¿Me **das** una hoja, por favor?
Para hacer sugerencias.
 —¿Por qué no **vas** al médico?
Para hacer invitaciones.
 —¿**Quieres** venir a la playa con nosotros?
Para hablar del futuro.
 —Mañana **actúa** Prince en Barcelona.

3.2. PRETÉRITO INDEFINIDO

3.2.1. Verbos regulares

HABLAR	COMER	SALIR
hablé	comí	salí
hablaste	comiste	saliste
habló	comió	salió
hablamos	comimos	salimos
hablasteis	comisteis	salisteis
hablaron	comieron	salieron

3.2.2. Verbos irregulares

3.2.2.1. Los verbos *ser* e *ir* tienen las mismas formas:

fui
fuiste
fue
fuimos
fuisteis
fueron

3.2.2.2. Verbos de uso frecuente con raíz y terminaciones irregulares:

INFINITIVO	RAÍZ	TERMINACIONES
decir	dij-	e
		iste
		o
traer	traj-	imos
		isteis
		eron

INFINITIVO	RAÍZ	TERMINACIONES
tener	tuv-	
estar	estuv-	e
poder	pud-	iste
poner	pus-	o
saber	sup-	imos
andar	anduv-	isteis
hacer	hic-/hiz-	ieron
querer	quis-	
venir	vin-	

3.2.2.3. *o → u* en las terceras personas

DORMIR	MORIR
dormí	
dormiste	
durmió	murió
dormimos	
dormisteis	
durmieron	murieron

3.2.2.4. *e → i* en las terceras personas de los verbos en *e ... ir* (excepto decir)

PEDIR
pedí
pediste
pidió
pedimos
pedisteis
pidieron

3.2.2.5. «*y*» en las terceras personas

LEER
leí
leíste
leyó
leímos
leísteis
leyeron

OÍR
oí
oíste
oyó
oímos
oísteis
oyeron

Otros verbos de uso frecuente con esta irregularidad: *creer, influir, construir, destruir.*

3.2.2.6. Verbo *dar*

DAR
di
diste
dio
dimos
disteis
dieron

USOS DEL PRETÉRITO INDEFINIDO:
Para hablar de acciones o sucesos pasados situados en una unidad de tiempo independiente del presente. Lo utilizamos con referencias temporales tales como **ayer, el otro día, la semana pasada, el mes pasado, el año pasado,** etcétera.

> —Ayer **comí** con Cristina.
> —El año pasado **estuve** de vacaciones en Irlanda.

3.3. PRETÉRITO PERFECTO

Se forma con el presente de indicativo del verbo *haber* y el participio pasado del verbo que se conjuga.

he
has
ha   + participio pasado
hemos
habéis
han

Formación del participio pasado:

INFINITIVO	PARTICIPIO PASADO
-AR	-ADO
-ER	-IDO
-IR	

(habl**ar** - habl**ado**)

(com**er** - com**ido**)

(ven**ir** - ven**ido**)

Algunos participios pasados irregulares de uso frecuente:

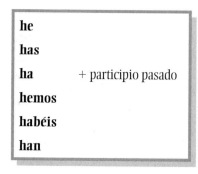

ver → **visto**   abrir → **abierto**

escribir → **escrito**   descubrir → **descubierto**

volver → **vuelto**   romper → **roto**

poner → **puesto**   hacer → **hecho**

morir → **muerto**   decir → **dicho**

O bservaciones:

● La forma del participio pasado es invariable.
> —Esta mañana he estad**o** con Luisa.
> —Esta mañana hemos estad**o** con Rosa y con Carlos.

● El participio pasado va siempre inmediatamente detrás del verbo **haber.**
> —Hoy me **he levantado** muy pronto.
> —Aún no **he cenado.**

USOS:

Para hablar de acciones o sucesos pasados situados en una unidad de tiempo en la que se encuentra el hablante, o que este siente próximos al presente.

Lo usamos con referencias temporales tales como **hoy, esta mañana, esta semana, este mes, hace un rato,** etcétera.

> —Hoy **he comido** con Ramón.
> —Este verano **ha hecho** mucho calor.

Para hablar de experiencias o actividades pasadas sin especificar el momento de su realización.

> —Miguel **ha estado** muchas veces en París.

Para referirnos a acciones o sucesos pasados que tienen consecuencias en el presente.

> —Perdona por llegar tarde, pero es que **he tardado** mucho en encontrar este sitio.

3.4. PRETÉRITO IMPERFECTO

3.4.1. Verbos regulares

TRABAJAR	COMER	VIVIR
trabaj**aba**	com**ía**	viv**ía**
trabaj**abas**	com**ías**	viv**ías**
trabaj**aba**	com**ía**	viv**ía**
trabaj**ábamos**	com**íamos**	viv**íamos**
trabaj**abais**	com**íais**	viv**íais**
trabaj**aban**	com**ían**	viv**ían**

3.4.2. Verbos irregulares

SER	IR	VER
era	iba	veía
eras	ibas	veías
era	iba	veía
éramos	íbamos	veíamos
erais	ibais	veíais
eran	iban	veían

USOS:

Para describir personas, lugares y cosas en pasado.

—Cuando **era** pequeño, **era** moreno y un poco gordo.

—Mi habitación **era** bastante pequeña, pero muy bonita, y **tenía** balcón.

Para hablar de acciones habituales en el pasado.

—De pequeño **iba** mucho al campo con mis padres. En verano **solíamos** ir a la playa.

—A los nueve años **iba** a clase de música dos veces por semana.

3.5. IMPERATIVO AFIRMATIVO

-AR	-ER	-IR	
entr**a**	le**e**	abr**e**	(tú)
entr**e**	le**a**	abr**a**	(usted)
entr**ad**	le**ed**	abr**id**	(vosotros)
entr**en**	le**an**	abr**an**	(ustedes)

Observaciones:

● *Tú*: el imperativo afirmativo es igual a la tercera persona singular del presente de indicativo.

—**Toma**.

—**Sigue** todo recto...

—¿Puedo cerrar la ventana?

—Sí. **Cierra, cierra.**

Excepciones:

hacer → **haz**   salir → **sal**

poner → **pon**   decir → **di**

venir → **ven**   ir → **ve**

tener → **ten**   ser → **sé**

● Los verbos irregulares en la primera persona del singular del presente de indicativo tienen la misma irregularidad en el imperativo afirmativo de las personas **usted** y **ustedes.**

Cierro → c**i**erre, c**i**erren.

Pido → p**i**da, p**i**dan.

Hago → ha**g**a, ha**g**an.

Excepciones:

Ir → **vaya, vayan.**

Ser → **sea, sean.**

Estar → **esté, estén.**

Dar → **dé, den.**

● **Vosotros**: el imperativo afirmativo se construye sustituyendo la **r** final del infinitivo por una **d.**

Estudiar → estudia**d.**

Venir → veni**d.**

Salir → sali**d.**

Pero en los verbos reflexivos, esa forma (**sentad,** por ejemplo) pierde la **d.** A veces se usa el infinitivo.

—¿Podemos sentarnos?

—Sí, sí. **Sentaos / sentaros.**

● Los pronombres van detrás del imperativo afirmativo, formando con este una sola palabra.

—¿Puedo abrir la puerta? Es que tengo mucho calor.

—Sí, sí. **Ábrela.**

USOS:

Para dar instrucciones.

—Oiga, perdone, ¿el restaurante Villa está cerca de aquí?

—Sí, muy cerca. **Siga** todo recto y **gire** la primera a la derecha...

Para ofrecer cosas.

—**Coge, coge** otro pastel, que están muy buenos.

Para conceder permiso.

—¿Puedo bajar un poco el volumen de la tele?

—Sí, sí. **Bájalo.**

3.6. FUTURO SIMPLE

3.6.1. Verbos regulares

TRABAJAR	SER	VIVIR
trabajar**é**	ser**é**	vivir**é**
trabajar**ás**	ser**ás**	vivir**ás**
trabajar**á**	ser**á**	vivir**á**
trabajar**emos**	ser**emos**	vivir**emos**
trabajar**éis**	ser**éis**	vivir**éis**
trabajar**án**	ser**án**	vivir**án**

3.6.2. Verbos irregulares de uso frecuente

TENER:	**tendr-**	
PODER:	**podr-**	
PONER:	**pondr-**	**é**
HABER:	**habr-**	**ás**
SABER:	**sabr-**	**á**
SALIR:	**saldr-**	+ **emos**
VENIR:	**vendr-**	**éis**
HACER:	**har-**	**án**
DECIR:	**dir-**	
QUERER:	**querr-**	

USOS:

Para hacer predicciones sobre el futuro.

— En la segunda mitad del siglo XXI **habrá** bases en la Luna y algunos científicos **vivirán** en ellas.

Para expresar hipótesis sobre el futuro.

Estoy seguro/a de que
Me imagino que   + futuro simple
Probablemente
Posiblemente
...

—**Estoy segura de que** en el futuro el cáncer **tendrá** curación.

—**Posiblemente iré** a México el verano que viene.

Para expresar las consecuencias de determinadas condiciones (ver apartado 21).

Si abres un paraguas dentro de casa, **tendrás** mala suerte.

3.7. GERUNDIO

Verbos regulares

-AR	-ER	-IR
-ando	-iendo	-iendo

(trabaj**ando**) (com**iendo**) (escrib**iendo**)

—Verbos en **e ... ir**: cambio vocálico **e → i**

D**e**cir .... d**i**ciendo.

—En la mayoría de los verbos terminados en **vocal + er/ir → y**

Leer → le**y**endo.
Oír → o**y**endo.

—Pero

Reír → r**i**endo.

—**o → u**

D**o**rmir → d**u**rmiendo.
M**o**rir → m**u**riendo.

4 Pronombres personales

4.1. SUJETO

	1ª PERSONA	2ª PERSONA	3ª PERSONA
singular	yo	tú	él
		usted	ella
plural	nosotros	vosotros	ellos
	nosotras	vosotras	ellas
		ustedes	

4.2. OBJETO DIRECTO

	1ª PERSONA	2ª PERSONA	3ª PERSONA
singular	me	te	lo/le
		lo/le/la	la
plural	nos	os	los/les
		los/les/las	las

4.3. OBJETO INDIRECTO

	1ª PERSONA	2ª PERSONA	3ª PERSONA
singular	me	te	le
		le	
plural	nos	os	les
		les	

4.4. REFLEXIVOS

	1ª PERSONA	2ª PERSONA	3ª PERSONA
singular	me	te	se
		se	
plural	nos	os	se
		se	

4.5. PREPOSICIÓN + PRONOMBRE PERSONAL

	1ª PERSONA	2ª PERSONA	3ª PERSONA
singular	mí	ti	él
		usted	ella
plural	nosotros	vosotros	ellos
		vosotras	
	nosotras	ustedes	ellas

Observaciones:

● Normalmente no usamos el pronombre personal sujeto porque las terminaciones del verbo indican qué persona realiza la acción.

—¿Cómo te llamas? **(tú).**

● Lo utilizamos para dar énfasis al sujeto o para marcar una oposición.

—**Yo** trabajo en un banco.
—Pues **yo** soy estudiante.

● **Yo** y **tú** no pueden combinarse con preposiciones; en ese caso se sustituyen por las formas correspondientes: **mí** y **ti**.

—¿Esto es para **mí**?
—Sí, sí. Para **ti**.

● Cuando van precedidas de la preposición **con,** usamos unas formas diferentes: **conmigo** y **contigo.**

—¿Quieres venir al cine **conmigo**?

● Los pronombres personales de objeto directo, indirecto y reflexivos van delante del verbo conjugado.

—¿Cómo **la** quiere, ancha o estrecha?
—¿**Te** gusta?
—¿**Os** acostáis muy tarde?

● Pero cuando los combinamos con el imperativo afirmativo, van siempre detrás, formando una sola palabra con el verbo.

—¿**Me** puedo sentar?
—Sí, sí. Siénte**se**.

● Con infinitivo y gerundio, pueden ir detrás de estas formas verbales, formando una sola palabra, o delante del verbo conjugado.

—Voy a duchar**me** = **me** voy a duchar.
—Está duchándo**se** = **se** está duchando.

4.6. COMBINACIÓN DE PRONOMBRES DE OBJETO INDIRECTO Y OBJETO DIRECTO

Cuando combinamos estos pronombres, el de OI va siempre primero.

—Esta agenda **me la** regaló un amigo el año pasado.
　　　　　　　OI OD

Y sustituimos **le** y **les** por **se**

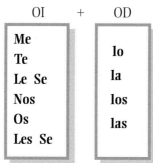

OI	+	OD
Me		lo
Te		la
Le Se		los
Nos		las
Os		
Les Se		

—¿A quién le regalas juegos de ordenador?
—(**Se los** regalo) A mi hijo.

5 Interrogativos

5.1. ¿QUIÉN?, ¿QUIÉNES?

¿*Quién/quiénes* + verbo?

Para preguntar por la identidad de personas en general.

—¿**Quién** es?

—Laura, mi profesora de español.

—¿**Quiénes** son esos niños?

—Mis primos de Valencia.

5.2. ¿QUÉ?

5.2.1. ¿*Qué* + verbo?

5.2.1.1. Para preguntar por la identidad de cosas en general.

—¿**Qué** es eso?

5.2.1.2. Para preguntar por acciones.

—¿**Qué** vas a hacer esta noche?

—Voy a ir al teatro con Ernesto.

5.2.2. ¿*Qué* + sustantivo + verbo?

Para preguntar por la identidad de personas o cosas de una misma clase.

—¿**Qué** lenguas hablas?

—Inglés e italiano.

—¿**Qué** actores españoles te gustan?

—Luis Ciges y Paco Rabal.

5.3. ¿CUÁL? ¿CUÁLES?

¿*Cuál/cuáles* + verbo?

Para preguntar por la identidad de personas o cosas de una misma clase.

—¿**Cuál** es la moneda de tu país?

—El euro.

—¿**Cuál** te gusta más? (de esos dos cantantes).

—Fernando Usuriaga.

5.4. ¿DÓNDE?

¿*Dónde* + verbo?

Para preguntar por la localización en el espacio.

—¿**Dónde** vives?

—En Málaga.

5.5. ¿CUÁNDO?

¿*Cuándo* + verbo?

Para preguntar por la localización en el tiempo.

—¿**Cuándo** te vas de vacaciones?

—El sábado.

5.6. ¿CUÁNTO?, ¿CUÁNTA?, ¿CUÁNTOS?, ¿CUÁNTAS?

Para preguntar por la cantidad.

5.6.1. ¿Cuánto + verbo?

—¿**Cuánto** cuesta esta agenda?
—Siete euros.

5.6.2. ¿Cuánto / cuánta / cuántos / cuántas [+ sustantivo] + verbo?

—¿**Cuántas** hermanas tienes?
—Dos.

5.7. ¿CÓMO?

¿Cómo + verbo?

5.7.1. Para preguntar por las características de personas o cosas.

—¿**Cómo** es tu profesor?
—Alto, rubio, bastante gordo... y muy simpático.

5.7.2. Para preguntar por el modo.

—¿**Cómo** vienes a clase?
—En bicicleta.

5.8. ¿POR QUÉ?

¿Por qué + verbo?

Para preguntar por la causa o la finalidad.

—¿**Por qué** estudias español?

Observaciones:

● Los interrogativos pueden ir precedidos de determinadas preposiciones.

—¿**De** dónde es?
—¿**A** qué te dedicas?
—¿**Con** quién vives?

● ¿Por qué? – porque

—¿**Por qué** estudias ruso? (PREGUNTA).
—**Porque** quiero ir de vacaciones a Moscú (RESPUESTA).

6 Ser - Estar

6.1. SER

- Identidad.
  —**Eres la hermana de Gloria**, ¿verdad?

- Origen, nacionalidad.
  —Luciano Pavarotti **es italiano**.

- Profesión.
  —**Soy ingeniero**.

- Descripción de personas, objetos y lugares.
  —**Es alta, morena** y lleva gafas.
  —Tu coche **es negro**, ¿no?
  —**Es** una ciudad **pequeña y muy tranquila**.

- Descripción o valoración del carácter de una persona.
  —Mi hermano pequeño **es muy gracioso**.

- La hora.
  —¡Ya **son las dos**!

- Materia.
  —Esa camisa **es de algodón**, ¿verdad?

- Localización en el tiempo.
  —Mi cumpleaños **es el 7 de mayo**.

- Posesión.
  —¿**Es tuyo** este periódico?
  —No, **es de Ricardo**.

- Valoración de objetos, actividades y períodos de tiempo.
  —Este diccionario **es muy bueno**.
  —El viaje **fue muy agradable**.
  —Hoy **ha sido** un día **horrible**.

6.2. ESTAR

- Localización en el espacio.
  —El quiosco **está enfrente del bar**.

- Estados físicos o anímicos de personas.
  —¿Estás cansada?
  —Sí, **estoy cansadísima**.
  —**Estás muy contento**, ¿no?

- Circunstancias o estados de objetos y lugares.
  —¿Funciona esta radio?
  —No, **está rota**.
  —¿Ya **está abierta** la farmacia?

- Valoración de alimentos consumidos.
  —¡**Qué bueno está** este filete!

- Descripción de situaciones (**estar** + gerundio).
  —¿Qué hace la niña?
  —**Está jugando** en el patio.

7 También, tampoco, sí, no

- *También, tampoco*: para expresar coincidencia o acuerdo con lo que ha dicho otra persona.

- *También* responde a frases afirmativas; *tampoco*, a frases negativas.
  —Yo vivo con mis padres.
  —Yo **también**.
  —Me gusta mucho este disco.
  —A mí **también**.

  —No tengo coche.
  —Yo **tampoco**.
  —No me gustan las discotecas.
  —A mí **tampoco**.

- *Sí, no*: para expresar no coincidencia o desacuerdo con lo que ha dicho otra persona.

- *Sí* responde a frases negativas; *no*, a frases afirmativas.
  —No tengo coche.
  —Yo **sí**.
  —No me gustan las discotecas.
  —A mí **sí**.

  —Yo vivo con mis padres.
  —Yo **no**.
  —Me gusta mucho este disco.
  —A mí **no**.

Observaciones:

- En las respuestas de este tipo de diálogos usamos siempre pronombres personales (*yo, tú, él*, etcétera); a veces van precedidos de preposición (*a mí, a ti, a él*, etcétera).

  —Estudio Sociología.
  —**Yo** también.

  —No me gusta nada este libro.
  —**A mí** tampoco.

Expresión de la frecuencia

8.1. Para expresar frecuencia, podemos utilizar:

+	*siempre*
	casi siempre
	normalmente / generalmente
	a menudo
	a veces
	casi nunca (no ... casi nunca)
–	*nunca (no ... nunca)*

—¿Cómo vienes a clase?

—En autobús.

—Pues yo vengo **siempre** en metro / **siempre** vengo en metro / vengo en metro **siempre**.

—¿Cómo vienes a clase?

—En autobús.

—¡Ah! Pues yo **no** vengo **nunca** en autobús / **nunca** vengo en autobús.

8.2. También podemos usar estas expresiones de frecuencia:

todos los	días/lunes/martes/...		cada	día/lunes/martes/...
	meses	=		mes
	años			año
todas las	semanas			semana

una vez	al	día
		mes
		año
dos veces /	a la	
tres veces / ...	por	semana

(una vez)	cada	dos/tres/...	días
			semanas
			meses
			años

—Tú vas al cine **a menudo**, ¿verdad?

—Sí, **dos o tres veces a la semana**.

—Voy al gimnasio **una vez a la semana**.

Cantidad: *demasiado, muy, mucho, bastante, poco*

demasiado	
muy	adjetivo
bastante +	
poco	adverbio

demasiado/a/os/as	
mucho/a/os/as	
bastante/s + sustantivo	
poco/a/os/as	

verbo +	*demasiado*
	mucho
	bastante
	poco

—Es **demasiado** joven.

—¿Estás **muy** cansado?

—Tus padres son **bastante** jóvenes, ¿no?

—Es **muy poco** inteligente.

—Vas **demasiado** rápido.

—¿Está **muy** lejos?

—Está **bastante** mal situada.

—Vivo **un poco** lejos de aquí.

—Hay **demasiada** gente.

—Yo trabajo **muchos** fines de semana.

—Esta tarde he hecho **bastantes** cosas.

—Hoy hay **pocos** alumnos en clase.

—Bebes **demasiado**.

—¿Estudias **mucho**?

—Habla **bastante**.

—Últimamente salgo **poco**.

10 Muy, mucho

muy + adjetivo / adverbio

—Mi habitación es **muy** pequeña.
—¿Qué tal estás?
—**Muy bien. ¿Y tú?**

mucho/a/os/as + sustantivo

—En esta calle hay **muchos** bares.
—Hoy tengo **mucho** sueño.

verbo + mucho

—Yo trabajo **mucho**.

Observaciones:

- *Muy* no modifica nunca a sustantivos.
  —Tengo ~~muy~~ amigos aquí. (*Tengo **muchos** amigos aquí*).

- Tampoco funciona como adverbio independiente.
  —Me duele ~~muy~~ (*Me duele **mucho***).

- *Mucho* no modifica nunca a adjetivos ni a adverbios.
  —Es ~~mucho~~ alto. (*Es **muy** alto*).
  —Habla ~~mucho~~ bien. (*Habla **muy** bien*).

11 Frases exclamativas

¡*Qué* + adjetivo (+ verbo)!
  —¡**Qué** guapo!
  —¡**Qué** grande es!
¡*Qué* + sustantivo (+ verbo)!
  —¡**Qué** calor!
  —¡**Qué** sed tengo!

¡*Qué* + adverbio (+ verbo)!
  —¡**Qué** bien!
  —¡**Qué** mal!
  —¡**Qué** mal escribe!
  —¡**Qué** pronto es!

USOS: Las exclamaciones sirven para valorar positiva o negativamente algo o a alguien, expresar sorpresa, admiración, desagrado o contrariedad.

12 Algo, nada; alguien, nadie

	COSAS	PERSONAS
(Identidad indeterminada)	**algo**	**alguien**
(Inexistencia)	**nada**	**nadie**

— ¿Quiere **algo** más?
—Esta semana **no** hay **nada** interesante en la cartelera.
—¿Hay **alguien** en clase?
—No, **no** hay **nadie**.

13 Comparaciones con adjetivos

SUPERIORIDAD	**más** + adjetivo + **que**
IGUALDAD	**tan** + adjetivo + **como**
	no + verbo + **tan** + adjetivo + **como**
INFERIORIDAD	**menos** + adjetivo + **que**

— Mi abuela es **más** graciosa **que** mi abuelo.
— Este restaurante es **tan** caro **como** el otro.
— El español **no** es **tan** difícil **como** el alemán.

Comparativos irregulares:
bueno → **mejor**
malo → **peor**
grande (edad) → **mayor**
pequeño (edad) → **menor**
grande (tamaño) → **mayor/más grande**
pequeño (tamaño) → **menor/ más pequeño**

— Este disco es **mejor que** ese.

Observaciones:

● Muchas veces no se menciona el segundo término de la comparación porque está claro en el contexto.
—¿Cuánto cuesta esta camisa?
—Treinta euros.
—¿Y la azul?
—Setenta y dos. Es **más** cara pero es **mejor**, es de seda.

14 *Estar* + gerundio

Cuando usamos **estar** con el gerundio de otro verbo, nos referimos a una acción que se realiza en el momento en el que estamos hablando o del que estamos hablando.

—¿Y Julia?
—**Está trabajando**.

15 *Ir* + *a* + infinitivo

Para expresar planes y proyectos.
—¿**Vas a salir** esta noche?
—Creo que no.
—En enero **voy a empezar** a estudiar árabe.

Para hablar del futuro.
—Raúl dice que mañana **va a nevar**.

16 *Tener que* - *Hay que*

16.1. TENER + QUE + INFINITIVO

Para expresar obligación o necesidad de manera personal.
—**Tengo que terminar** esta carta antes de la una.
—¿Nos vemos esta tarde?
—Esta tarde no puedo. Es que **tengo que estudiar**.

16.2. HAY + QUE + INFINITIVO

Para expresar obligación o necesidad de manera impersonal.
—Para entrar en la Universidad, **hay que aprobar** el examen de ingreso.
—Para aprobar ese examen, **hay que estudiar** mucho.

17 | *Ya - aún / todavía no*

Para indicar que una acción prevista o previsible se ha realizado antes del momento en el que nos referimos a ella, utilizamos *ya*.

—**Ya** he visitado la Sagrada Familia y me ha gustado mucho.

Y para indicar que esa acción no se ha realizado antes del momento en el que nos referimos a ella, usamos *aún no* o *todavía no*.

—**Aún no** he visitado la Sagrada Familia.
—**Todavía no** ha empezado la clase.

18 | Valoración de actividades y hechos pasados

Para valorar actividades y hechos pasados, podemos usar las siguientes construcciones:

• *Ser + bueno/malo*
—¿Qué tal la conferencia de esta mañana?
—Ha **sido buenísima**, me ha gustado mucho.
—El concierto de ayer **fue** muy **bueno.**

• *Estar + bien/mal*
—¿Qué tal la fiesta del viernes?
—**Estuvo** muy **bien**. Había mucha gente y me lo pasé muy bien.

• *Parecer + **adjetivo***
—¿Has visto la exposición del Palacio de Cristal?
—Sí, fui ayer con Paloma.
—¿Y qué te **pareció**?
—Bastante **original**.
—Pues yo la vi el domingo y me **pareció horrible**.

19 | El superlativo absoluto

19.1. El superlativo absoluto significa lo mismo que *muy* + adjetivo y se forma de dos maneras:

• Sustituyendo la vocal del adjetivo por
–*ísimo/ a/ os/ as.*
Interesante → interesant**ísimo**
Divertido → divertid**ísimo**
Aburrido → aburrid**ísimo**
Bueno → buen**ísimo**
Malo → mal**ísimo**

—¿Qué tal el concierto de anoche?
—Horrible. Fue un concierto mal**ísimo**.

• Si el adjetivo termina en consonante, se añade
–*ísimo/ a/ os/ as.*
Fácil → facil**ísimo**
Difícil → dificil**ísimo**

—¿Qué tal el examen de italiano?
—Muy bien, ha sido un examen facil**ísimo**.

19.2. Algunos adjetivos tienen significado superlativo y no podemos añadirles las terminaciones *-ísimo | -a | -os | -as*:

Horrible.
Horroroso.
Estupendo.
Precioso.
—La conferencia de ayer fue **horrible**.
—La verdad es que tienes una casa **preciosa**.

20 Descripción de objetos

• Para referirse al tamaño, a la forma, al color...: *ser* + adjetivo
—**Es** bastante **pequeña**, **estrecha**, **larga**, **gris** y **roja**.

• Expresar utilidad: *servir para* + infinitivo
—**Sirve para** cortar.

• Expresar de qué está hecho un objeto: *ser* + *de* + sustantivo
—**Es de** plástico y metal.

• Posesión:
Ser + *de* + nombre de persona.
— **Es de** Rosa.

Ser + posesivo (forma tónica)
—¿**Es** tuyo?
—Sí, **es** mío.

—¿**Son** vuestras esas cosas?
—Sí, **son** nuestras.

21 Condiciones y sus consecuencias

Para expresar condiciones y las consecuencias que tendrán en el futuro, podemos emplear esta construcción.

(Condición)   (Consecuencia)
Si + presente de indicativo...,   +   futuro simple
Si pasas por debajo de la escalera, **tendrás** mala suerte.

22 | El acento

En español existen tres tipos de palabras según la posición de la sílaba fuerte: agudas, llanas y esdrújulas.

• Agudas

□	□	■
es	pa	**ñol**
	co	**lor**
	ca	**fé**

Todas las palabras agudas que terminan en vocal, *n* o *s* llevan acento gráfico (´).

—So**fá**, panta**lón**, ha**blé**.

• Llanas

□	■	□
ca	**mi**	sa
	ca	sa
ven	**ta**	na

Ponemos acento gráfico en todas las palabras llanas que terminan en consonante, excepto **n** o **s**.

—Di**fí**cil, **ár**bol, **lá**piz.

• Esdrújulas

■	□	□
mú	si	ca
mé	di	co
plá	ta	no

Todas las palabras esdrújulas llevan acento gráfico.

—A**mé**rica, **rá**pido, te**lé**fono.

Observaciones:

● Todas las formas interrogativas y exclamativas llevan acento gráfico:

—*qué, quién, cómo, cuánto...*

● Las palabras de una sola sílaba no llevan acento gráfico; sin embargo, lo utilizamos para diferenciar palabras que tienen la misma forma y distinto significado.

—¿Cuál es **tu** bolígrafo?
—**Tú** hablas francés, ¿verdad?

—¿**El** cine Rex, por favor?
—¿Vas a ir con **él**?

—¿Tienes **mi** dirección?
—¿Es para **mí**?

—¿**Te** gusta el **té**?
—No **sé** cómo **se** llama tu amigo.